下総原氏・高城氏の歴史〈下〉

――その系譜関係と支配構造――

第二部　高城氏

千野原靖方　著

手賀沼ブックレット　No.12

第二部　高城氏

はじめに

下総国内に高城氏が登場する史料上の初見は、周知のように『本土寺過去帳』（上四日・中十九日）にみえる永享四年～同六年（一四三二～四）頃の五月四日に没した「道清入道　高木刑部左衛門」、並びに永享九年（一四三七）六月十九日没の「クリカサワ　高城四郎右衛門清高」である。そして、これより以前には、南北朝期の十四世紀後半から十五世紀前四半の応永年間にかけて、千葉満胤の家臣に「高城越前守」、次いで満胤の子兼胤の代に家臣長者に列した「高城」氏の存在が『千葉大系図』に伝えられるが、これらを裏付ける確実な徴証はなく、とくに同氏の出自については諸説があって見解が分かれ、長く未解決のままであった。

本書第二部では、戦国時代に西下総葛東《かとう》地方において領域支配を展開した小金城主・高城氏について、その出自を改めて検証し直すとともに、新たな視点で追求し、明確化を試み、併せて興起から滅亡に至までの歴史過程を追い、もって同氏の全体像や実態を明らかにすることに主眼を置いた。具体的には、謎に包まれた高城氏の出自・系譜等の解明、及びそのための『本土寺過去帳』の分析、千葉氏・原氏との関係、勢力伸張の経緯、北条氏の他国衆化と小金領の形成、家臣団の分布、軍事経済両面にわたる領内寺社・郷村支配の在り方など、関連する古文書等の詳細な検討を通してこれらの諸問題を考察した。加えて、『千学集抜粋』（国立公文書館所蔵本）に記載される高城氏一族についても、いくばくかの検証を行なった。

本稿が今後の高城氏研究の進展・深化に、些かでもお役に立てれば著者望外の喜びであり、これに勝るものはない。
なお、執筆にあたって、巻末に明記したように高城氏に関する多くの文献・研究成果を参考にさせていただいた。ここに心より謝意を表する次第である。

千野原靖方

〔追記〕
本書は、上巻（第一部原氏）に引続いての発刊のところ、近年の感染症の流行等に基因した時勢諸般の事情により出版が遅れ、延び延びになっておりましたが、この度ようやくにして刊行の運びに至りました。この間の遅延を心よりお詫び申し上げ、御容赦のほどを願うとともに、今度の出版に際して並々ならぬ御尽力下さった竹島いわお氏をはじめ関係各位に対し、ひとえに厚く感謝申し上げる次第です。

二〇二一年一〇月

著者

〔第二部　目　次〕

はじめに

第一章　高城氏の興起とその系譜関係……8

一　高城氏はどこから来たのか　8
出自の諸説　8
陸奥国の高城氏　10
陸奥高城氏の常陸・下総進出　15

二　『本土寺過去帳』にみる高城一族……24
栗ケ沢・我孫子の高城氏　24
馬橋の高城氏　34
高城氏と曽谷氏・花井氏　46

三　『千学集抜粋』記載の小金城高城氏……55
我孫子高城和泉守の小金進出　55
高城下野守胤忠の小金入城　58
前期小金城とその城下　65

第二章　高城胤辰・胤則の小金領支配……71
一　下総の国衆高城氏と小田原北条氏……71
北条氏との関係　71
胤辰の家督相続と江戸遠山氏　73
胤辰の船橋郷・市河宿支配　78
二　高城氏の家臣団と小金領……89
史料にみえる家臣団の分布　89
その他の家臣層　105
小金領の領域と支城網　112
三　戦国末期高城氏の動静……126
胤則の家督相続　126
高城氏の牛久御番　135
臨戦体制下の小金領統治　139
付　高城氏関係年表……146
主な参考文献　152

第一章　高城氏の興起とその系譜関係

一　高城氏はどこから来たのか

出自の諸説

下総高城氏の出自については、従来から九州出身説、藤原姓二階堂氏の支流とする説が知られている。前者は八木原本『小金城主高城家之由来』（正保三年〈一六四六〉奥書／延享元年〈一七四四〉清書）によるもので、九州肥前国（小城郡晴気庄／佐賀県小城市）へ下向して九州千葉氏の祖となった千葉（千田）大隅守胤貞の弟・新介高胤の二男越前守胤雅が、同国高城に住したのに始まり、その後、南朝方の「楠之麾下」に属して紀伊国熊野新宮山中の孤城に拠って「新宮の侍」となったが、正長元年（一四二八）に下総国臼井の父兄のもとへ帰ったという。

しかし、諸系図に胤雅の記載はなく、史料等にもその存在を確認することができないので、この説をそのまま鵜呑みにするわけにはいかない。〈はじめに〉で記述したように永享四年～六年から同九年（一四三二～七）以前に、西下総の栗ケ沢（松戸市）付近に「高木刑部左衛門」「高城四郎右衛門清高」らが活動しており、さらにこれより前の南北朝期後半から応永期にかけて千葉満胤・兼胤の家臣に高城氏が伝えられ、すでに十四世紀末頃に高城氏の存在が窺われることから（『本土寺過去帳』『千葉大系図』）、胤雅が正長元年に下総へ帰国したとする右の説は年代的にこれらといささか整合が難しいといえるであろう。

なお、建長六年（一二五四）に同じく九州の薩摩国高城郡（鹿児島県薩摩川内市）にも高城氏（高城太郎信久）の存在がみえるが、これも鎌倉前中期に千葉氏（常胤以来秀胤まで）が同国内に所領を有していた由緒をもつも、この薩摩高城氏が後年の下総高城氏に連なるような徴証はない（『高城文書』『島津家文書』『入来院家文書』／千葉県の歴史資料編中世5〈県外文書〉）。

また、後者の二階堂氏支流説は、天正十八年（一五九〇）に滅亡した小金高城氏が、徳川氏への仕官に際して作成したとみられる元和二年（一六一六）の由緒書・覚書（『高城家文書』／小金城主高城氏の研究）、並びに高城家略伝・同世譜（『東葛飾郡誌』）、享保期の『高城系図』（高城家由来）、『寛政重修諸家譜』などに由来する説である。

この九州千葉氏および二階堂氏の支流説の根拠は、いずれも近世になって成立した記録によるものであり、これらを裏付ける確実な古文書等の史料をみない。したがって、確かな徴証が発見されない限り、やはりこの両説は今のところ採用するわけにはいかないのである。

そこで、下総高城氏の出自としてとくに注目したいのは、陸奥国高城氏との関係、並びに下総曽谷氏一族とのつながりである。次に、これらについて検証しよう。

陸奥国の高城氏

平安後期、陸奥の国衙領内に地域行政区画として私領的な性格をもって開発された高城保（宮城県宮城郡松島町・利府町）は、松島湾へ注ぐ高城川下流域の氾濫原・低湿地帯に立地した。国衙官人に関係する在地領主の手により築堤・干拓など開発が推し進められ、形成されたものとみられる。鎌倉草創期の文治二年（一一八六）すでにこの高城保内には陸奥国一宮・塩竈神社（塩釜市）の社領が存在したが、その支配には文治六年（一一九〇）に源頼朝から東北経営のため設置された同国留守職に補任された伊沢（留守）家景が関わった（『塩竈神社文書』陸奥国衙公文所下文写／『吾妻鏡』文治六年二月六日・三月一五日条）。伊沢留守《るす》氏は、多賀城の陸奥国府（多賀城市）に入り込み、在庁官人を指揮するなど国衙の実権を握るとともに、一宮塩竈神社の神主として神事・神職や同社領にも関与することになるのである。

そして、塩竈神社領があった高城保内やその周辺には、古くから陸奥高城氏が拠っていたようで、陸奥国留守職に任ぜられた伊沢留守氏はこの高城氏との関係を深めたとみられる。陸奥高城氏は、高城保の北方、同国遠田郡内に本拠を有した蝦夷姓竹城公の新たな賜姓・高城連《むらじ》の後裔と考えられ、その高城の由来は古代城柵に関連する地名に基づくものと推定され、今日でも宮城県遠田郡美里町および大崎市田尻付近に「南高城」「中高城」「北高城」などの地名が残されている。

一方、鎌倉時代、高城保内には千葉一族の相馬氏の所領があった。文永九年（一二七二）八月、相馬胤村が急死したため、その嫡子・彦次郎師胤が亡父胤村の未処分の遺領配分を幕府に願い出た際に作成したとみられる「永仁二年〈一二九四〉御配分系図」（『相馬文書』）には、胤村の九人の子息らへの所領配分が記されてり、そのうち胤村の長子胤氏が「六十二町三段三百歩　追赤沼六町」、同二子胤顕が「四十四町七段・一合　追赤沼四町」の遺領を配分されている。「赤沼」の地は、高城保内に存在した赤沼郷（利府町）のことと考えられる。また、相馬岡田氏の祖となった胤顕は、赤沼のほかに、高城保内の「波多谷」村（松島町幡谷）にも所領を与えられている（『相馬岡田文書』）。

さらに、相馬大悲山《だいひさ》氏の祖となった胤村の八子通胤が、「竹城保内長田《ながた》村内蒔田屋敷地頭職」を領有したが、この所領は正和三年（一三一四）に通胤からその子・孫次郎行胤へ譲渡され、その妹・鶴夜叉《つるやしゃ》にも「長田村内蒔田屋敷并田」が譲与されている（『大悲山文書』）。長田村は、現在の高城川下流左岸の松島町高城・磯崎周辺に広がっていたと考えられる。

その他には、胤村の女子一人が「高城保内根崎村三十貫文、鴇原《はとはら》村弐十五貫文」（松島町根廻・初原）を分与されており、また胤村七子の孫四郎胤実・胤持（又六）父子も「高城保内」の地（村名不明）を領有したとみられ、この所領は建武三年（一三三六）四月に師胤の子・孫五郎重胤に預け置かれている（『相馬文書』）。そして、これより前の建武元年（一三三四）十一月一日には、相馬政胤打渡状をもって「高城保長田村蒔田屋敷岩見迫田在家等事」の所領が正式に相馬（大悲山）孫次郎行胤へ引き渡されたのであった（『大悲山文書』）。

南北朝期、高城保波多谷村の所領は、相馬岡田氏の祖・胤顕から胤盛・胤康・胤家と相伝され、また同保内赤沼・長田村の所領は、惣領相馬親胤（重胤の子）から惣領代光胤（親胤の弟）を経て、光胤亡き後、親胤の養子胤頼（松鶴丸／大悲山朝胤の子）へと継承され、且つ親胤の妹は大悲山朝胤の妻でもあり、これによって惣領家に大悲山氏の所領が併合・集約される形で受け継がれていったのである（『相馬岡田文書』『相馬文書』）。

このように相馬氏は、高城保内において所領支配を行なっていたが、これと並んで伊沢留守氏もまた同保内の塩竃神社領を通して支配を拡大していったことが推察される（『留守文書』）。貞和二年（一三四六）九月十七日付の留守美作前司宛て伊賀光泰等連署召文（『大悲山文書』）には、「相馬次郎兵衛尉朝胤申、陸奥国竹城保長田村内田畠屋敷事、訴状如此、早企参上、可被明申之由候也」とみえ、長田村田畠屋敷をめぐって相馬大悲山朝胤と留守美作前司との間で訴訟が起こっていたことがわかり、これによって高城保内において両氏の勢力が競合していたことが知れよう。なお、ここにみえる留守美作前司とは、「留守七代め美作守家高」のことであろう（『余目《あまるめ》氏旧記』）。次いで、応安五年（一三七二）十二月十一日付の沙弥清光打渡状（『相馬文書』）によると、「高城保内赤沼郷事」について、清光は留守新左衛門尉とともに彼所の現地に莅んで、相馬讃岐次郎代（胤弘の代官）へ下地を渡付けており、留守氏が当地の支配に関わっていたことが理解できる。

高城保内における相馬氏の支配は、『相馬文書』『相馬岡田文書』などによれば、十四世紀末～十五世紀初頭までである。この頃を境として相馬氏は高城保から後退し、かわって留守氏並びに同氏と近い関係にあった奥州探題大崎氏らの支配が強まっていったとみられるのである。すなわち、留守氏は探題大崎氏に属して成長したが、同時に高城保内で競っていた相馬氏を追い、さらに陸奥高城氏とは姻戚関係をもって結び付きを深めたと考えられる。それは、高城氏が藤原姓留守氏（伊沢氏）の分流とも伝えられるので（『伊達世臣家譜』）、留守氏の一族が高城氏の名跡を継承して取り込み、勢力を伸張していったといえまいか。高城保内における留守一族高城氏の存在が想定されよう。

また、『相馬義胤分限帳』（続群書類従）によれば、文禄・慶長期頃の「御当家御一家并当時百石以上侍由緒覚」として、高木覚右衛門は「先祖高木半兵衛ハ、仙台牢人也、深谷御前へ御続キ有ル人也ト云リ」といい、さらに小高郷の「三百六十七文　高木新三郎」といった名もみえる。先祖の仙台牢人・高木半兵衛は、留守氏の本拠地であった高用名《こうようみょう》・南宮庄（多賀城市・仙台市）付近の出身と推定されるので、留守氏および同一族高城氏の関係者といえるであろう。続き有る人（親族縁者）という深谷御前とは、高城保に東接する深谷保（東松島市・石巻市）に拠っていた深谷氏（鎌倉権五郎景政の後裔・長江氏か）のことと思われ、高城氏はこの深谷氏とも結び付きがあったことになる。ちなみに、相馬義胤の子息利胤・及胤・直胤・女子らは、いずれも「母奥ノ深谷女」であった（相馬文書所収『相馬之系図』）。

さて、奥州探題大崎氏は、陸奥国志田郡師山（大崎市）を本拠地として、その支配領域は大崎五郡（加美・志田・遠田・玉造・栗原郡）から南は色麻《しかま》郡に及んでいたが、高城保の北西、鳴瀬川上流の保野川との合流地点南西側に位置する色麻郡高城にあった地内館（現加美郡色麻町高城）は、大崎氏家臣の高城孫一の居館跡と伝えられている（『安永風土記』）。この大崎氏家臣・高城氏も、やはり古代の高城連の一族に連なるその後胤と考えられよう。

高城保の北に接する大崎氏支配下の長世保《ながせのほ》内（大崎市・美里町）には、観応二年〈一三五一〉以来、相馬氏の所領（大迫郷）があり（『相馬文書』）、また留守氏の記録『余目氏旧記』（続々群書類従）に、「大崎の十代以前、左京権大夫〈斯波〉家兼長国寺殿、公家官従四位上也、京都七条より、貞和二年〈一三四六〉ニ伊達神〈諸ヵ〉大名りやうぜん〈霊山〉と申山寺へ先御下、彼所ニ三年御座候て、其より河内志田郡師山へ御つき有しより、無二無三ニ留守殿、守大崎候」とみえる如く、大崎氏と留守氏は早くから結び付きが深かったのである。そこには、留守氏の分流となった高城氏や相馬氏らが介在し、密接に関わり合っていたであろうことも容易に推し量れる。

以上のように、高城保およびその周辺地域において、奥州探題大崎氏・伊沢留守氏・高城氏・相馬氏らは早くから接点があり、好しみを結んだり、あるいは競い闘ぎ合ってきたことが窺われるのである。

なお、高城氏は近世初頭の幕臣旗本仕官に際して、この元来の奥州蝦夷賜姓高城連の出自を避け、『高城家之由来』（八木原本）にみえる如く九州千葉一族説・南朝の侍説などの出自が創出されたとも考えられる。そして、その仕官の際に、敢えて平姓（千葉・原氏流）を用いずに藤原姓（二階堂氏支流）を称したことは、憶測を逞しくすれば、古く一族的な関係にあった祖先伊沢留守氏の藤原姓を意識したものであったのかも知れない。

陸奥高城氏の常陸・下総進出

伊沢留守氏が深く信仰した陸奥国一宮の塩竈神社は、主祭神塩土老翁神《しおつちのおじのかみ》（別宮）および武甕槌命《たけみかずちのみこと》（左宮）・経津主神《ふつぬしのかみ》（右宮）の三神を祀り、古代から奥州鎮護・海上守護の神として国司や平泉藤原氏らの崇敬を受けてきたが、その鎮座の由緒は塩土老翁神が武甕槌命・経津主神の奥州平定に際して、この両神を常陸国・下総国より先導し、海を渡って当地に上陸して製塩を教えたことに始まると伝えている。武甕槌命は常陸国一宮の鹿島神宮の祭神であり、また経津主神は下総国一宮・香取神宮の祭神であり、ともに武神として、且つ海上交通の守護神として尊崇されていたので、この塩竈神社の由来の背後には、陸奥塩竈と常陸鹿島・下総香取との間に、古くから辺境開拓のための兵員や物資などの輸送・往来があったことが読み取れよう。そして、中世になると、軍勢や武士らの移動、並びに神官・僧侶・修験者・御師《おし》・道者らの宗教活動、商人・職人らの来往などにより、この間の交通はさらに活発に展開されていったことと思われる。

陸奥高城氏は、留守氏の一族分流として、やはり陸奥一宮塩竈神社を信仰していたとみられ、下総・常陸など進出先の地にもこれを分祀したのであろう。今、香取神宮（香取市香取）の南西八キロメートル余のところに位置する大須賀川上流域の馬乗里《まじょうり》村にこの塩竈神社（成田市馬乗里一七四番地）が祀られており、しかもこの馬乗里地区および同神社の周辺には「高木」姓の旧家が三十余軒ほど集中して存在しているのである。その経緯は明確でないが、当地への陸奥高城氏の入部があったことは少なくも推し測れる。

陸奥一宮塩竈神社を分祀したとみられる馬乗里の塩竈神社（成田市馬乗里174番地）。社殿・鳥居の右手は巨杉の森であり、参道入口には椨《たぶ》の巨木が立っている。椨の木は古くから船材として使われてきた。また同社周辺の旧家はほとんどが高木姓である（一ノ宮姓一軒あり）。

馬乗里村の立地は、西側に大須賀川支流下田川の谷津を隔てて大須賀氏支配下の大須賀保内伊能村や同横山村（成田市）と向かい合い、北には香取末社・大戸宮（大戸神社／香取市）社領の大戸庄（地頭国分氏一族）内に属したとみられる桜田村（成田市）、東側に小野川上流香西川流域の本矢作《もとやはぎ》（香取市）を拠点とした香取神領地頭国分氏の支配領域と接し、これらの境目の地に位置していた。馬乗里がいずれの領内に属していたかは不明であり、あるいはこれらの支配が交錯した地であったのかも知れない（『大慈恩寺文書』『旧大禰宜家文書』『香取神宮文書』『香取大宮司家文書』）。なお、馬乗里の塩竈神社の北東至近にある高木家には、近世の馬乗里村五人組御仕置帳・同御改人別書上帳・同御年貢割付帳など多くの古文書類　が所蔵されている（『高木利介家文書』／大栄町史史料編近世）。

陸奥高城氏の下総国馬乗里への入部の経緯を探るうえで、次に関連すると思われる常陸国行方

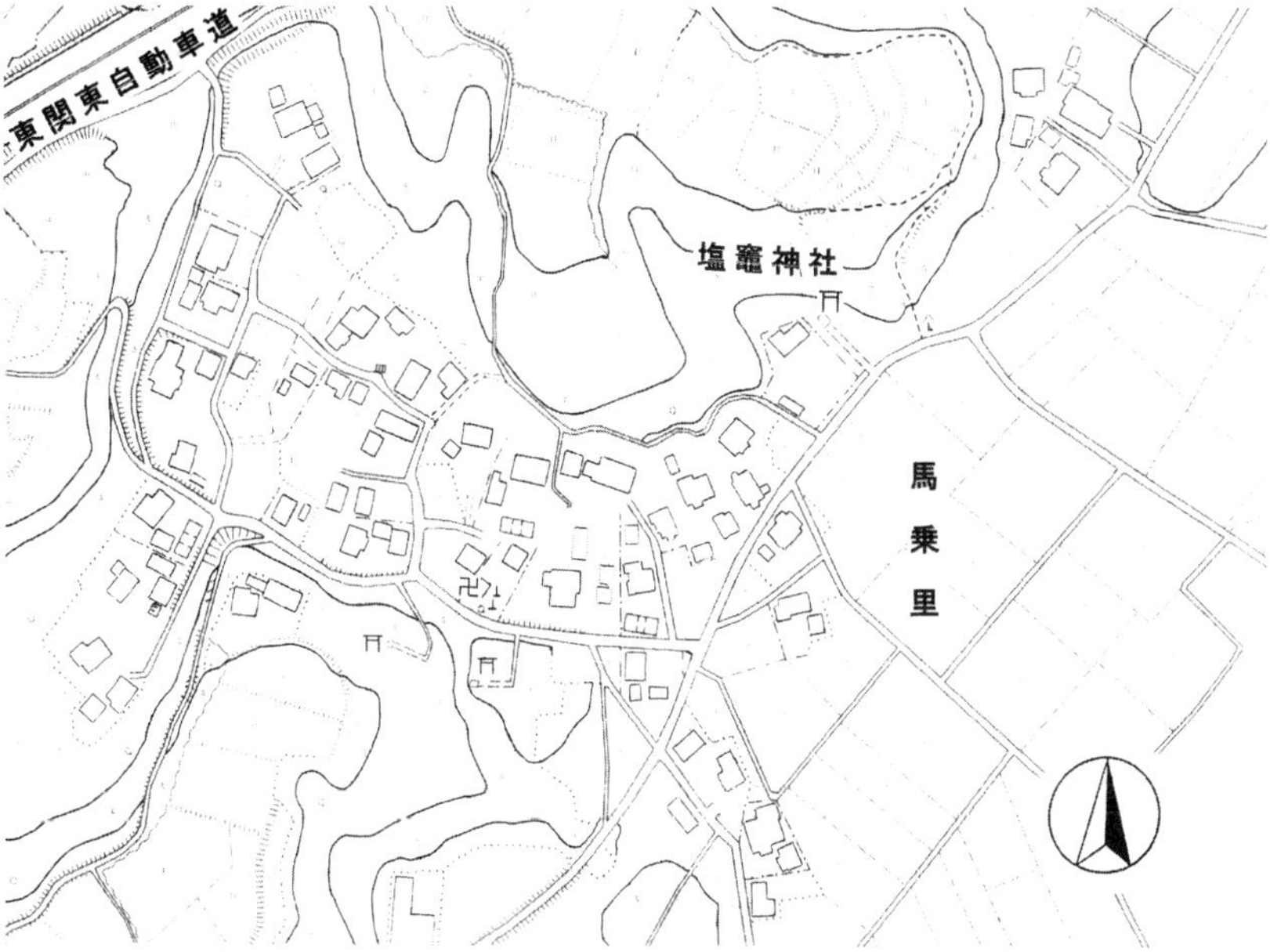

大須賀川上流下田川右岸域の馬乗里・塩竈神社周辺地図。
地図の左方向が下田川の谷津。

郡・南郡（府郡）内の高城氏の存在について触れよう。

雖未申通候令啓達候、抑御先代亡父
ニハ蒙御懇切由申候、遠境与申、御
世上故、無沙汰申候、於向後者、偏
奉頼、相応之御用等可走廻候、御同
意所仰候、然者此度彼者参候、万端
御隙奉察候得共、一入被加御養生候
者可畏入候、将亦雖憚至極之申事候、
不顧思慮得御意候、五六ケ条之間、
御相伝之儀被任申候者、単可為御芳
志候、奉憑候、委細口上申含候、猶
御吉事令期後音候、恐々謹言、

高城下野守

卯月十七日　胤忠（花押）

芹沢殿

この文書は、永正～天文期に活躍した下総の高城胤忠が、常陸国行方郡芹沢村（旧荒原郷／茨城県行方市芹沢）の領主で医療関係を専門職能とした常陸大掾《だいじょう》（多気）一族の芹沢氏へ宛てた書状である（『芹沢文書』）。内容は、胤忠と芹沢殿（現当主）とは未だ申し通ぜぬが（交際がなかったが）、啓達《けいたつ》せしめ候（手紙で申し上げること）、抑《そもそも》、芹沢家の御先代と亡父（胤忠の父／高城越前守か）とは、医療を通じて「御懇切」を蒙る間柄であったが、遠境にあり、また御世上（世の中の情勢）ゆえに無沙汰にしている。向後においては、偏《ひとえ》に頼み奉り、「相応之御用等」に走廻るので御同意を仰ぐ所に候、と交流再開を申し入れており、そのうえで、医療を受けさせるため、このたび芹沢氏のもとへ彼者を参向させるので、ひとしお御養生を加えられるように依頼したものであろう。

『芹沢系図』によれば、文明末から永正期に活動した芹沢土佐守範幹（道号梅翁）が、永正十三年（一五一六）三月七日に没した後、その子秀幹（土佐守／道号功山）が芹沢氏の家督を継承した。そして、秀幹は天文二十二年（一五五三）四月二十七日に没したとあるので、永正末から天文期に芹沢氏の当主であったことがわかる。また同系図に、秀幹は「小高平次郎」を号したとの注記があることから、行方郡小高郷（行方市）に拠った大掾一族小高氏の名跡を継承したとみられる。右文書の芹沢殿は、この芹沢（小高）秀幹に該当しようか。『芹沢文書』にも、古河公方足利政氏・高基に属した「芹沢土佐守」「芹沢平二郎」がみえ、疵養生のため療治を加え、白薬や万病円《まんびょうえん》を進上するなどして、政氏・高基からの礼状を受け取っている。

このように高城氏は、下野守胤忠の父の時代に、常陸国行方郡の芹沢氏と医療を通じて親交が深かったのである。さすれば、その高城胤忠の父について、その素性を探らねばならない。

『快元僧都記』（神道大系神社編／戦国遺文後北条編補遺）によれば、上総国の真里谷武田氏と下総小弓城主原氏との抗争で、永正十四年（一五一七）十月十五日に小弓城（千葉市中央区）が陥落し、「原二郎并家郎高城越前守父子滅亡、同下野守逐電」したとあり、この逃亡した高城下野守こそが胤忠であるとされる。このあと下野守胤忠は西下総へ移って、これより以前に栗ケ沢・我孫子・馬橋・小金（我孫子市・松戸市）などに拠っていた高城氏一族を糾合し、すでに永正十二年（一五一五）二月二十五日に没していた小金城（前期小金城／松戸市）主の「高城和泉守殿」の跡を継承する形で、みずからが高城氏の嫡流になったと考えられるのである（『本土寺過去帳』『千学集抜粋』）。

小弓城で滅亡した原氏の家郎（家老）高城越前守父子と逐電した同下野守（胤忠）の関係は、おそらく越前守の弟が下野守であったのであう。すなわち、高城越前守・同下野守の兄弟の父は、やはり受領・越前守を称していたと推定され、遡れば千葉満胤の家臣となった「高城越前守」の存在が想起される。

『千葉大系図』の満胤の注記には、その家臣として下総国の円城寺・鏑木・多田・中村・内山氏らのほかに、常陸国行方郡内の出身とみられる行方平四郎・麻生淡路守・島崎大炊助らとともに、高城越前守の名がある。この満胤家臣・高城越前守は、常陸国の高城氏である可能性が高い。『本土寺過去帳』（上七日・中十四・十七・廿日）には、応永二十三年（一四一六）から寛正四年（一四六三）頃にかけて、「嶋崎大炊助」「大充〈掾〉嶋崎二郎　打死」「嶋崎尾張守　兼定」

「嶋崎兵庫大夫家中」などの記載があるので、これより以前、すでに島崎氏ほか行方・麻生・高城氏らが千葉氏に仕えて下総国内で活動していたことが推察される。先にみたごとく下総の高城胤忠が常陸の芹沢氏と改めて好しみを結んだのも、かつて両氏の先代が常陸行方郡内やその周辺に近住して懇意であったことによるものであろう。今日、芹沢の地がある行方市北部（玉造）から石岡方面にかけて分布する高城姓の旧家の存在は、中世に遡って同氏の当地在住を見通すことができる。ちなみに、成田市の馬乗里と類似した地名として、茨城県行方市芹沢にも「バン上入《じょういり》」という字名を残している。下総国馬乗里《まじょうり》と同様に、常陸国行方郡周辺への留守氏の一族分流・奥州高城氏の入部という状況が想定されるのである。

古く鎌倉中期の建長二年（一二五〇）十一月二十八日、幕府は、雙六《すごろく》に事を寄せ、四一半《しいちはん》を好み、博奕《ばくち》に事を為す「放遊浮食之士」らが、とくに陸奥・常陸・下総の三ケ国に蔓延《はびこ》って盛んであるという風聞が立ったため、陸奥国留守所兵衛尉（伊沢家景）・常陸国守護宍戸《ししど》壹岐前司（宍戸国家）・下総国守護千葉介（千葉頼胤）に対して、それらを停止して制禁を加えるように命じた（『吾妻鏡』）。これらの国々の湊・津々や大道の宿など交通の拠点を舞台に、博奕を好む悪党・徒党らが跋扈《ばっこ》していたことが推察され、おそらくは伊沢留守氏・宍戸氏・千葉氏らの一族手勢も取締まりのために各国を往来したことに違いない。また、芹沢村の南方至近に位置する手賀郷内の鳥名木《となぎ》城（行方市）に拠った手賀氏一族・鳥名木修理入道道秀の応永七年（一四〇〇）十月日付の着到軍忠状によれば、鳥名木氏は常陸大掾満幹の手に属して「奥州凶徒等御退治」のため発向し、所々の陣において戦功をあげ、伊達大膳大夫入道円教（政宗）降参の期に忠節を致すなどしたが（『鳥名木文書』）、こうした軍事活動は同郡内の行方氏や玉造氏・手賀氏・芹沢氏らも同様であったと思われる。

常陸北部の多珂郡（庄）粟野村（北茨城市中郷町）には応永十二年（一四〇五）に奥州から勧請されたと伝える塩竈神社（近世に小野矢指村へ移転）があり、さらに同国佐都《さと》東郡滑川村（日立市）にも塩竈神社（創立年不明）が分祀されているので、そこに海の道を通して、右のごとく軍事的な移動と併せて同社ゆかりの人々の陸奥・常陸往来もみてとれる。奥州高城氏の常陸入国という動きもあったであろう。

十四世紀後半から十五世紀前期にかけて、下総の千葉満胤の勢力が内海を越えて常陸国にも及び、これにより行方郡内の行方氏・麻生氏・島崎氏らが満胤に仕えたが、当郡内に拠っていた高城越前守もまた彼らとともに満胤の家臣となり、その後、十五世紀後半の享徳四年（康正元年／一四五五）には千葉一族馬加《まくわり》康胤・原胤房に加担した常陸鹿島の「高城兵衛佐」、次いで文明年中（一四六九～八七）には千葉孝胤《のりたね》に属したという鹿島の「高木兵衛尉」の名がみえる（『千葉大系図』『千葉実録』）。鹿島郡へ進出した高城氏一族もあったとみられ、やがてこの行方・鹿島郡の高城氏は、千葉氏家臣から原胤房・胤隆父子の臣下に転身して、以後、その一族は下総小弓城の原氏に仕えたと推定される。

小弓城の南方九キロメートル余のところに位置する養老川流域の上総山倉城（市原市）に拠っていた「高城雅楽助《うたのすけ》」（法名妙助）は、この小弓原氏に属していたと思われ、寛正六年（一四六五）四月二十六日、中野城（村田川上流域の中野城〈市原市〉または鹿島川上流域の中野城〈千葉市若葉区〉のいずれか）へ出陣してその落城により山倉への帰途に、路次において没している（『本土寺過去帳』）。そして、永正期後半（一五一二～一七頃）には、前述した通り、『快元僧都記』にみられるように高城越前守が小弓城原氏の家老となって現われ、同子息や同下野守（胤忠）らとともに原氏に仕えていたのであった。

これに対して、下総国馬乗里村へ入部した陸奥高城氏は、陸奥高城保において関係が深かった相馬氏の下総国内における地盤であった南相馬およびその隣接地域（風早庄内）へ進出し、栗ケ沢・我孫子・馬橋・小金などの地に拠点を築いていったものと考えられる。

その背景には、応永年間（一三九四～一四二八）になると、相馬御厨内において相馬氏支配の弱体化が顕著になり、二俣三位房頼円・佐久間式部入道妙景・二見住兵衛次郎男といった御厨の雑掌《ざっしょう》（年貢・公事の徴収並びに種々雑事を扱った荘官）や前雑掌、あるいは在地領主層・郷々の地頭らが、伊勢神宮への神税上分物等を対捍《たいかん》・押妨して神税を納めず、郷々へ乱入して神物を掠め取るなど、雑掌職および神税をめぐって紛争が相次ぐという在地の混乱した状態があった（『鏑矢伊勢宮方記』）。それと同時に、とりわけ南相馬においては、相馬氏の在地支配が急速に後退していくという変動が起こっていたことも見逃せない。

『相馬之系図』（相馬文書所収）の孫次郎〈治部少輔〉重胤の注記には、応永の末に至り、「相馬郡内所々、奥州内所々年貢等、収納帳少々有之而、腐損滅墨分明ならず」とあり、また建武より至徳に至る間（一三三四～八七）に、「一族郎従支配の地、或は収公《しゅこう》せられ、或は他族へ譲与し、又沽却《こきゃく》す、仍って漸々《ぜんぜん》減少者歟」とも記している。『相馬文書』の応永二年（一三九五）下総国南相馬郡等田数注進状案に、南相馬分の所領として鷲野谷・箕輪・泉・大井・増尾・高柳・薩間・粟野・藤ケ谷（柏市／鎌ケ谷市）の九ケ村が載せられているのを最後に、これ以後、同文書や『相馬岡田文書』などに南相馬における相馬氏（相馬岡田氏）の所領について記載はみられなくなるのである（拙著『手賀沼をめぐる中世②—相馬氏の歴史—』）。

さらに、文正二年（一四六七）二月二十五日には、嫡流相馬氏の執権職（補佐）を務めていた目々沢（小幡）周防入道道弘（胤清）が、預かり置いていた相馬氏代々の重書《じゅうしょ》（相伝文書・証文・所領目録等）を、嫡子の小幡越前守定清（生年二十一歳／のち隆清）へ預け渡し、その職を譲っており（『相馬文書』目々沢道弘置文）、これに伴って証文等に関して余人・親類らの違乱や混乱が起こったことも考えられよう。また、『相馬岡田文書』には、嘉吉四年（一四四四）十月二十九日および文亀三年（一五〇三）六月二十六日・同四年四月七日付で、岡田左京亮（胤行）沽却状やその子信胤の質券・沽却状がみえ、田・在家・米等が売買・入質されており、その衰退ぶりが窺われ、同氏の所領が散逸していったことが理解できる。高城氏と相馬氏の関係については今一つ具体的かつ明確な事由を掴み得ないのであるが、高城氏の南相馬郡並びにこれに隣接する風早庄内への進出は、こうした在地支配の情況が変貌を遂げていくなかで、これに乗じる形で達成されていったといえまいか。

二　『本土寺過去帳』にみる高城一族

栗ケ沢・我孫子の高城氏

鎌倉期以来の古刹・日蓮宗長谷山本土寺（松戸市平賀）に伝えられている『本土寺過去帳』（千葉県史料中世篇）の中に、最初に高城氏の名が出現するのは、前後の記載状況から判断して、永享四年～同六年（一四三二～四）頃と推定される五月四日に没した「道清入道　高木刑部左衛門」であり、次いで永享九年（一四三七）六月十九日に「クリカサワ」（同市栗ケ沢・小金原）で没した「高城四郎右衛門清高」である。

中世、栗ケ沢村は風早庄内に属したとみられ、その位置は坂川支流の富士（藤）川・平賀川最上流域にあり、同所には谷津に面した標高二〇メートル前後の北へ突出した舌状台地上に占地した栗ケ沢城跡（栗ケ沢字北之内・殿内／小金原一・三・四丁目）があった。城跡の遺構は、宅地化により壊滅して残存せず皆無であるが、東西北の三方を谷津に囲まれた長軸（南北）約三五〇メートル、短軸（東西）約一五〇メートルの城域が推定されており、高城氏初期の根拠地として構築されたとの所伝をもっている（八木原本『小金城主高城家之由来』／房総叢書所収本『高城家由来書』／参考・拙著『東葛の中世城郭』）。

それでは、永享年間の高城四郎右衛門清高以後、栗ケ沢に拠って当地で没したとみられる高城

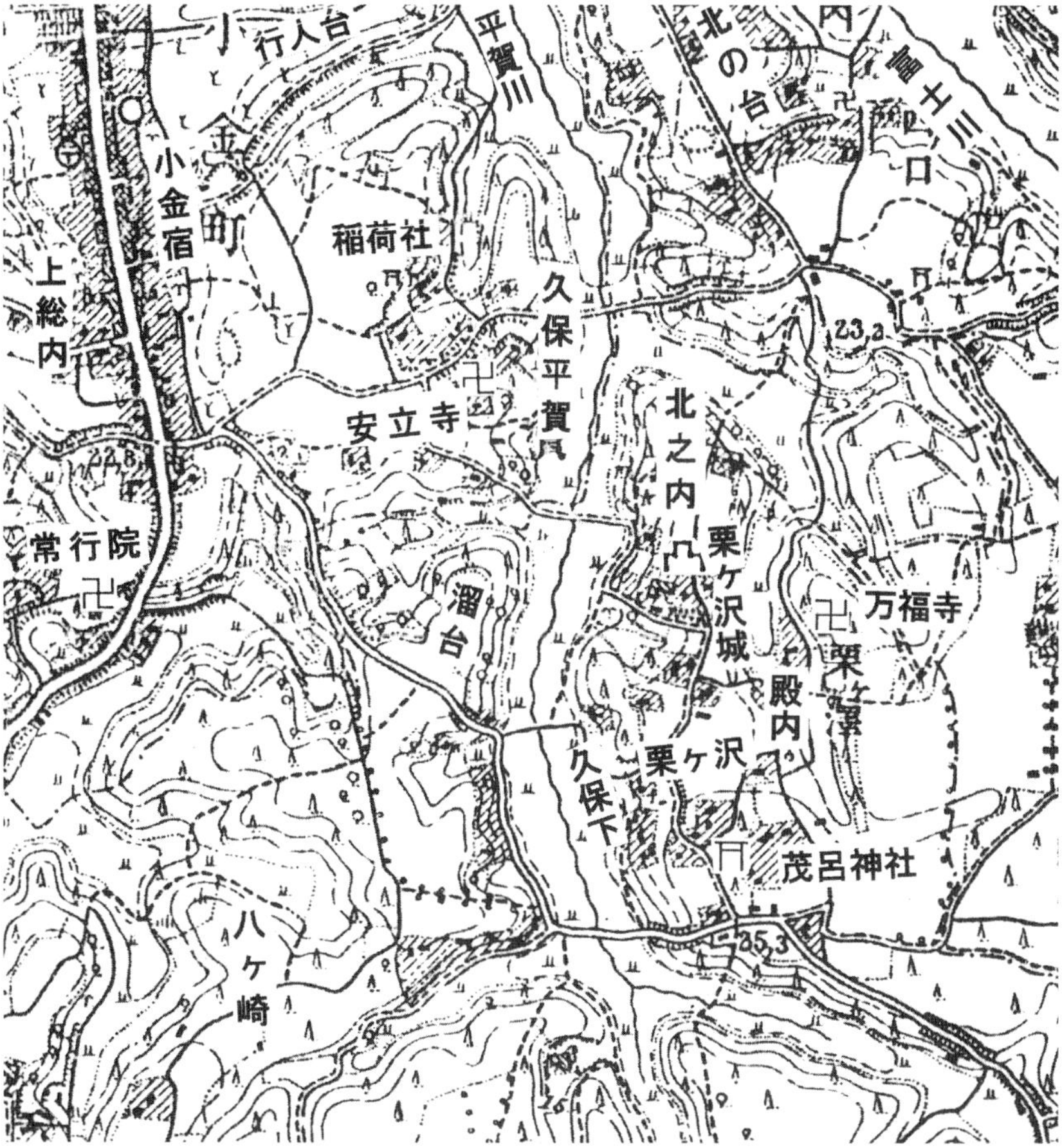

栗ヶ沢村〈栗ヶ沢城〉周辺地形図
（原図・大日本帝国陸地測量部　大正６年測図二万五千分一之尺［松戸］）

氏一族、並びにその縁者ほか関連する記事を、続いて『本土寺過去帳』から年代順に抽出してみたい。

◇「高城新右衛門　延徳二庚戌〈一四九〇〉壬〈閏〉七月　同子息彦九郎　クリカサワ」（中十九日）

◇「高城四郎右衛門」（中廿日）

◇「妙道入　右馬二郎クリカサワ　文安四〈一四四七〉九月」（下廿五日）

◇「クリカサワ　妙法　太郎五郎　文安六巳〈一四四九〉」（中十一日）

◇「妙実入　栗澤大夫四郎　戊寅〈長禄二年〈一四五八〉か〉正月」（中十九日）

◇「妙性入　クリカサワ九郎三郎　寛正六乙酉〈一四六五〉九月」（中十五日）

◇「妙蓮入　クリカサワ彌九郎　寛正六乙酉〈一四六五〉十一月」（上八日）

◇「妙珍尼　クリカサワ大夫五郎母儀　寛正七丙戌〈一四六六〉八月」（下廿三日）

◇「経法入道　応仁二戊子〈一四六八〉十二月　クリカサワ」（上四日）

◇「妙秀尼　クリカサワ　文明二庚寅〈一四七〇〉四月」（上九日）

◇「妙大　栗澤大夫五郎　同〈文明〉二庚寅〈一四七〇〉七月」（下廿四日）

◇「妙心尼　クリカサワ平四郎息女　同〈文明〉四壬辰〈一四七二〉五月」（下廿二日）

◇「教忍入　クリカサワ二郎五郎　妙行入ノ弟也　同〈文明〉四壬辰〈一四七二〉六月」

（中〔下〕廿一日）

◇「法願尼　クリカサワ彌四郎母儀　文明六甲午〈一四七四〉正月」（下廿六日）

◇「妙福尼　栗澤彌二郎母儀　文明十五癸卯〈一四八三〉四月」（下廿一日）

◇「妙福尼　クリカサワ七郎三郎母　文明十七乙巳〈一四八五〉四月」（下廿六日）

◇「妙願入　彦太郎父　クリカサワ　文明十七乙巳〈一四八五〉六月」（上五日）

◇「妙行入　長享三己酉〈一四八九〉七月是俊父也　クリカサワ」（上二日）

◇「井原慶仙僧　クリカサワ　庚戌〈延徳二年〔一四九〇〕か〉壬〈閏〉七月」（中十九日）

◇「妙道　栗澤大夫七郎　延徳二〈一四九〇〉壬午〈庚戌の誤りか〉十月」（中十六日）

◇「平次五郎　クリカサワ　延徳四壬子〈一四九二〉八月」（上六日）

◇「悲母妙安尼　明応十辛酉〈一五〇一〉六月　クリカサワ」（上二日）

◇「妙法位　クリカサワ　文亀二〈一五〇二〉三月」（上九日）

◇「鏡願入道　クリカサワ彦太郎　文亀三癸亥〈一五〇三〉六月」（上四日）

◇「クリカサワ　光忍尼　浄光坊姉　永正二乙丑〈一五〇五〉六月」（上十日）

◇「妙正尼　永正七庚午〈一五一〇〉四月クリカサワ」（上朔日）

◇「クリカサワ　妙慶尼　永正九壬申〈一五一二〉十二月」（上三日）

◇「常高霊　栗澤ノ平四郎　永正十二乙亥〈一五一五〉三月」（中十九日）

これらによれば、永享から延徳年中にかけて栗ケ沢に拠ったのは、高城四郎右衛門清高—同四郎右衛門—同新右衛門・同子息彦九郎と続いたものと考えられる。その後、文安から永正年間にかけて栗ケ沢に居住した右馬二郎・太郎五郎・栗沢大夫四郎・九郎三郎・彌九郎・大夫五郎母儀・栗沢大夫五郎・平四郎息女・二郎五郎・彌四郎・栗沢彌二郎母儀・七郎三郎母・井原慶仙・栗沢大夫七郎・栗沢ノ平四郎らが、果たして高城氏の一族・縁者であったかは確認し得ないが、ただし文明十七年没の彦太郎父、文亀三年没の彦太郎は、その仮名《けみょう》（過去帳に高城彦四郎・同彦六・同彦三郎などあり）から察して高城氏の一族とみられるので、十六世紀初頭になお栗ケ沢の地に同氏一族が拠っていたことはおそらく間違いないといえるであろう。

次に、相馬御厨（相馬郡）内我孫子村（阿孫子・安孫子とも／我孫子市）に拠った高城氏については、過去帳に文明六年（一四七四）六月十六日に「アヒコ」にて死去した「妙林尼　高城周防入道悲母」の記載がもっとも古い。したがって、高城周防守入道およびその先代父母は、これより以前に我孫子に居住していたことがわかるが、当地入部の時期については今、具体的に特定できない。

我孫子を根拠地とした高城氏一族には、このほか文明八年（一四七六）四月二日に没した「高城彦四郎　アヒコ」、同年十月十七日没の「妙泉尼　高城和泉守内方〈妻〉　アヒコ」、明応六年（一四九七）二月二十九日没の「高城周防守　雪叟入道光霊」、永正十年（一五一三）正月九日没の「春谷霊位　高城彦四郎殿」、同十一年（一五一四）七月二十七日に死去した「実山宗真高城周防守殿」、同十二年（一五一五）二月二十五日没の「祖翁性高位　高城和泉守殿」らがあ

我孫子村〈我孫子城・久寺家城〉周辺地形図
（原図『明治前期関東平野地誌図集成』二万五千分一［取手］）

〈高城氏略系図〉

- 栗ヶ沢
  - 高城四郎右衛門清高（永享九年没）
  - 高城新右衛門・子息彦九郎（延徳二年没）
- 我孫子
  - 高城周防入道母・妙林尼（文明六年没）
  - 高城彦四郎（文明八年没）
  - 高城和泉守内方・妙泉尼（文明八年没）
  - 高城周防守（明応六年没）
  - 高城彦四郎（永正十年没）
  - 高城周防守（永正十一年没）
- 小金
  - 初め我孫子 高城和泉守（永正十二年没）……胤忠（下野守 天文十五年没 法名玄楊）―胤吉（下野守 永禄八年没 法名玄心）―胤辰（幼名茶筅 後ち龍千世 治部少輔 下野守 天正十年没 法名玄酬）―胤則（幼名龍千世 源次郎 慶長八年 伏見にて没 法名玄白）
    - 胤重（政次・胤次）幼名龍千代
- 馬橋
  - 高城孫八（文明八年没）
  - 高城安芸入道（文明十五年没）
  - 高城安芸道友入道（明応四年没）
- 小弓
  - 高城越前守・同子息（永正十四年没）
  - 高城下野守（胤忠）逐雷 → 胤忠
- 上総 山倉
  - 高城雅楽助（寛正六年没）
  - 高城治部少輔（永正十四年番所免没）
  - 高城源左衛門（大永四年没）
  - 高城彦三郎（享禄四年小屋島没）

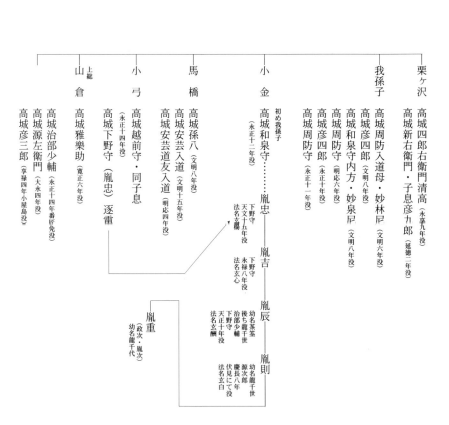

げられる（『本土寺過去帳』）。すなわち、我孫子の高城氏は、高城周防守入道―〈同彦四郎〉―同和泉守―同周防守（雪叟入道光霊）―〈同彦四郎〔春谷霊位〕〉―同周防守（実山宗真）―同和泉守（祖翁性高位）という系列となり、その系譜関係は明らかにできないが、和泉守と周防守の二系統が存在し、あるいは交互に家督を継承したものであろうか。

我孫子に関する過去帳の記事をさらに抽出すれば、次のごとくである。

◇「妙徳　二木平七　文明二庚寅〈一四七〇〉七月　アヒコニテ被打」（下廿四日）

◇「妙秀入道　匝瑳将監　文明七乙未〈一四七五〉二月　アヒコニテ」（下廿三日）

◇「法信　六郎次郎　文明五癸巳〈一四七三〉正月　アヒコニテ」（中十一日）

◇「文明十年戊戌〈一四七八〉十二月　於堺根原打死諸人等皆已成仏道　匝瑳勘解由殿法名妙勘高田　野嶋入道アヒコ　今泉入道法名妙泉」（上十日）

◇「秀陽還助四郎妙高　高知尾　同十二癸丑〈文明十二〔一四八〇〕庚子の誤りか／または明応二〔一四九三〕癸丑か〉十一月　アヒコニテウタル、」（下廿七日）

◇「妙圓入　アヒコ彦次郎　武州打死　長享二戊申〈一四八八〉十一月」（中十六日）

◇「妙光童子　アヒコ御前　長享三己酉〈一四八九〉十一月」（下廿九日）

◇「妙位善尼　庄田雅楽助母儀　アヒコニテ　文亀壬戌〈一五〇二〉九月」（中十六日）

まず文明二年（一四七〇）七月二十四日、我孫子にて討たれたという二木《ふたつき》平七は、その出自・素性は明らかでないが、風早庄内二ツ木村（松戸市）の土豪とみられるが、高城氏とどのような関係にあったのか、過去帳からは知り得ない。ただし、二木についての記事は、二木彦七・二木藤内四郎・二木ノ藤内三郎家中・二木実蔵宮中・二木又五郎母・二木藤右衛門息女・二木の東郷藤五郎・東郷殿・二木孫二郎家中など多数みられるが、その年代は応永三十五年（一四二八）二月の記事がもっとも古く、天文二年（一五三三）十二月を最後に過去帳からその記載が消えており、それはまさに当地域における高城氏の勢力伸張と相俟って起こった事態であるのかも知れない。

文明七年（一四七五）二月二十三日に我孫子で没した匝瑳将監は、我孫子の西方、手賀沼へ注ぐ大堀川流域の高田城（柏市）に拠った匝瑳氏の一族であり、この三年後の文明十年（一四七八）十二月には、右のように太田道灌の軍勢と千葉孝胤以下原氏・木内氏らの軍が戦った西下総境根原（同市）の合戦で、道灌方として討死した我孫子の野嶋入道や東庄今泉（香取郡東庄町）出身の今泉入道（法名妙泉）、大須賀保津富良《つぶら》郷（成田市）の大須賀一族・津布良左京亮（妙幸）らとともに、高田の匝瑳勘解由殿（法名妙勘）が戦没している（『旧大禰宜家文書』『香取大禰宜家文書』『君島系図』『松蘿館本千葉系図』『宝応寺過去帳』）。我孫子の野嶋入道については、過去帳にその一族とみられる「甲州之若衆　野嶋小二郎妙小位」（中十五日）の記載があるので、甲斐身延山（久遠寺）出身の日蓮宗衆徒であることがわかり、小金平賀の本土寺との関係により同寺に近い我孫子の地に居住していたものであろう。この頃の我孫子には、千葉・原方の高城和泉守が拠っていたと思われるが、この野嶋氏とは敵対関係にあったといえる。

高知尾助四郎（妙高）は、西下総の名都借《なづかり》村（流山市）に拠っていた千葉氏の家臣・高知尾（高千代）氏の一族であろう（『本土寺過去帳』『千学集抜粋』）。その出自については、『島津家文書』の年未詳島津氏所領注文、文保二年（一三一八）島津道義（忠宗）譲状、元徳三年（一三三一）および貞治二年（一三六三）島津道鑑（貞久）譲状案などによれば、高知尾氏は日向国高千穂神社領・高知尾庄（宮崎県西臼杵郡高千穂町）の出身であり、同庄地頭・島津氏が領有した下総国相馬郡上黒崎村・下黒崎村・発戸村・符河村（我孫子市／茨城県北相馬郡利根町布川）などの所領内ないしは近隣に入部して当地に土着し、やがて千葉氏に仕えたものとみられ、過去帳には「ナトカリ」「千葉」の高知尾氏一族が記載されている。今、名都借の地には、坂川支流富士（藤）川の谷津に面した標高二〇メートル余の台地上に名都借城跡（字城山・城山下・大井戸根）が残る。享徳・康正から永正末（一四五二〜一五二一）にかけて、この名都借城には谷津を隔てて南西方に位置する小金城の高城氏に属した当地の高知尾氏や飯野（飯野尾）氏らが拠っていたとみられる。そして、小弓・古河の抗争では同城をめぐって争奪戦が繰り広げられたが（『下総崎房秋葉孫兵衛模写文書集所収鮎川文書』）、天文七年（一五三八）小弓公方足利義明滅亡以後、小金高城氏の属城となったのである。

長享二年（一四八八）十一月十六日に武州で討死したという我孫子の彦次郎は、この仮名から前述した我孫子の高城氏の一族といえよう。また、庄田雅楽助は、その素性は不明であるが、同じく過去帳に延徳四年（一四九二）八月二日に馬橋（松戸市）で死去した庄田氏（宗信入道）の記載があるので、やはり一族が我孫子のほか西総の域内に拠っていたことが理解できる。さらに、「春渓常英　庄田美作入道　永正十四丁丑〈一五一七〉五月」（上四日）もみえる。次いで、小弓公方足利義明と古河公方足利高基の抗争が続いていた大永・享禄年間（一五二一～三二）の頃には、深井城（流山市）主であったと推定される「高城民部少輔」および「同石井彌七郎若衆也」が、「フカイニテ打死」（中十一日）しており、同様の「庄田藤次郎　フカイニテ打死」（中十二日）の記事がみえることから、庄田氏は古河方の高城氏に属していたものと考えられる。

なお、我孫子城跡（我孫子字並木・城下／俗称城山）は、利根川（旧常陸川）へ流入する久寺《くじ》家《け》・我孫子谷津（つくし野川）へ向かって北へ突出した標高二〇メートル前後の舌状台地先端部に占地したが、今日、城跡台地は削平されて宅地・学校敷地となり、遺構は失われている。北方には南東へ突出する舌状台地上に久寺家城跡（我孫子市久寺家字下居村附）があり、谷津を挟んで二城が対峙していたが、戦国末期、この両城は高城氏の一族・我（阿）孫子氏の居城であったと伝えている（八木原本『小金城主高城家之由来』）。

馬橋の高城氏

馬橋は、鎌倉中期に創建された真言律宗（のち臨済宗）の法王山万満寺（松戸市馬橋）を中心に発達した門前の市宿である。『鎌倉大草紙』によれば、千葉頼胤が小金在住の時に、鎌倉極楽寺の良観房忍性《にんしょう》を招いて「小金のまばし〈馬橋〉と云所」に大日寺を建立して、頼朝公より代々の将軍並びに千葉一門の菩提を弔ったが、千葉貞胤の時代にこの寺を千葉へ移し、その折に忍性自作の霊仏・大日五仏の尊像を馬橋に残し置き、その後、貞胤（観応二年〈一三五一〉没）の子氏胤が当地に在城の頃、将軍足利尊氏の菩提を弔うため、夢窓国師《むそうこくし》（疎石《そせき》）の弟子・古天周誓を招請して中興開山となし、この寺を万満寺と号したという。忍性が極楽寺の開山住持となったのが文永四年（一二六七）といわれるので、馬橋大日寺の建立は、これより以後ということになり、また尊氏が没したのが延文三年（正平十三年／一三五八）四月であるから、万満寺が中興開山されたのは、これ以後の千葉氏胤（一三三七～六五）の代であったことになる。しかし他方では、忍性自作の五仏（観音菩薩・地蔵菩薩・大日如来・阿弥陀如来・薬師如来）を残し置かれた馬橋の寺堂は、南北朝期の康暦元年（天授五年／一三七九）に千葉満胤（氏胤の子）が、臨済禅宗の鎌倉瑞泉《ずいせん》寺《じ》の古天周誓を招いて中興開山とし、鎌倉公方足利氏満の諱一字を得て万満寺と号したとも伝える。

　戦国時代には、万満寺は小金城の高城氏から寺領を寄進され、制札を与えられるなどして保護を

臨済宗法王山万満寺の本堂（仏殿）。
本尊は阿弥陀如来像・木造不動明王像。

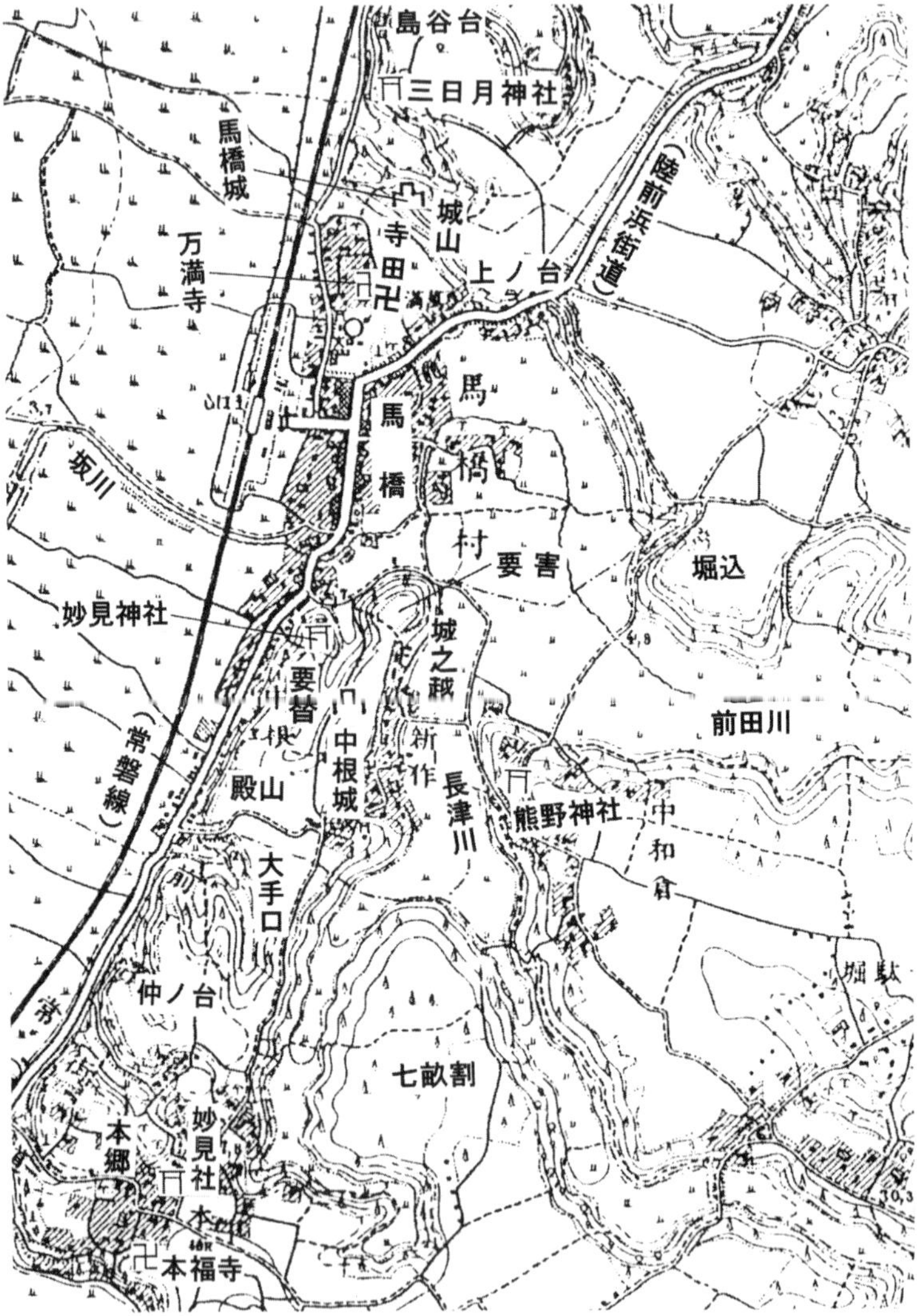

馬橋村〈万満寺・馬橋城・中根城〉近傍地形図

（原図・大日本帝国陸地測量部　大正６年測図二万五千分一之尺［松戸］）

受け、また高城氏当主（胤辰《たねとき》）と同寺住持との交流もあり、関係は深かった（『万満寺文書』）。そのつながりは、高城氏の馬橋入部に始まるものと思われる。

『本土寺過去帳』にみえる馬橋の高城氏については、文明八年（一四七六）三月二十一日没の「高城孫八　蓮上坊弟　マハシ」が初見である。以下、文明十五年（一四八三）三月七日没の「高城安芸入道　間〈馬〉橋」、明応四年（一四九五）四月一日に没した「高城安芸道友入道マハシニテ」などがみえ、馬橋に拠った高城氏は代々受領・安芸守を称していたことが窺われる。また、馬橋に関して、とくに注目される記事を抽出すれば、次のごとくである。

◇「道顕入　嘉吉三癸亥〈一四四三〉六月　萬満寺」（中廿日）
◇「妙寿尼　マハシ八郎二郎家中　文明三辛卯〈一四七一〉正月」（下廿五日）
◇「小澤式部丞　文明三辛卯〈一四七一〉二月　マハシ」（中十二日）
◇「小澤常陸介　マハシ　同〈文明〉四年壬辰〈一四七二〉五月」（中十六日）
◇「七澤法名妙澤入道　文明十一己亥〈一四七九〉五月　郷へ来テ手負テマハシニテ死」（上九日）
◇「妙延入　マハシ八郎三郎　同〈文明〉十七乙巳〈一四八五〉八月」（下廿三日）
◇「妙嚴入　マハシ左近三郎　文明十七乙巳〈一四八五〉九月」（上八日）
◇「道賢　マハシ八郎二郎　同〈文明〉十八丙午〈一四八六〉十月」（下廿四日）
◇「妙巖尼　マハシ左衛門二郎母儀　長享元丁未〈一四八七〉潤〈閏十一月〉」（下廿七日）

◇「羽黒修理亮　布施殿　福徳元辛亥〈延徳三年／一四九一〉三月　於馬橋萬満寺被誅」（中十七日）
◇「道泉　五郎四郎マハシ　延徳四壬子〈一四九二〉十月」（上七日）
◇「左近丞道光入　マハシニテ　明応六丁巳〈一四九七〉六月」（上五日）
◇「道光霊　藤内五郎セウ　丁巳〈明応六年〈一四九七〉か〉六月　マハシニテ」（上五日）
◇「小澤兵衛五郎　文亀三癸亥〈一五〇三〉十二月」（中十五日）
◇「本郷小澤道圓　三月」（上七日）
◇「道見一門　小澤河内」（上八日）
◇「妙鏡比丘尼　本郷小澤母儀」（中十七日）
◇「妙寿　小澤」（下廿五日）
◇「瑞幸　畔蒜右京亮―戸部三郎左衛門 同時　永正十四丁丑〈一五一七〉潤十月　マハシニテ打死」（中十七日）
◇「妙正尼　マハシ八郎二郎母儀　十二月」（上三日）
◇「平左近次郎妙実　マハシ　七月」（中十三日）

馬橋の小沢式部丞・同常陸介・同兵衛五郎・同河内、並びに馬橋に南接する風早庄本郷村（松戸市上本郷）の小沢道円・小沢母儀らは、常陸国出身の小沢氏（馬借〈運送業者〉／商人的な存在か）の一族と推定される。その出自は、常陸奥七郡の一・佐都東郡小沢（常陸太田市）に拠った一族とみられ、当地の北東には、既述したように粟野（のち小野矢指村へ移転／北茨城市中郷町）や滑川の地（日立市）に陸奥から分祀したと伝える塩竈神社があり、奥州高城氏と小沢氏との関係性が考えられる。馬橋の小沢一族の存在は、常陸から下総への入部を示唆するものであろう。

このうち道見一門の小沢河内守は、過去帳（下廿五日）によると、道見＝「湯浅日向守」であることがわかり、湯浅氏と姻戚関係によって結ばれ、その一門となっていたことが推察される。湯浅氏はのちに高城氏の家臣として、その名がみえる（八木原本『小金城主高城家之由来』）。

さて、後年の天正二年（一五七四）のことであるが、次の文書によっても高城氏と奥七郡の小沢氏との結び付きが汲み取れる（『水府志料所収文書』）。

◇北条氏繁判物写

来由候、然者当方御分国并於味方中横合有之者、拙夫可及其断候、万一猶於違背者、子細御屋形江遂披露、速可策媒候、心安通途尤候、為其証文進遣候、仍如件、

天正二年（一五七四）甲戌

卯月廿九日　（北条）氏繁（花押）

小沢左馬允殿

◇高城胤辰判物写

奥衆十五人富士参詣候路次中、無相違様指南可申由、自玉縄承候、其元少も如在申間敷候、仍如件、

（天正二年カ）
四月廿九日　　胤辰（高城）（花押）

金領
改衆

前者の文書は、相模国玉縄城（鎌倉市）主の北条氏繁が、常陸国奥郡（奥七郡）の小沢左馬允《さまのじょう》に対し、北条氏御分国並びに味方中の領内通行に際して、小沢氏らへの横合（不当な妨害）を禁じ、万一これに背く者があれば、子細を御屋形（北条氏政）へ報告し、速やかに策媒（作媒／手配して物事を処置すること）するので、安心して通過するようにこれを保証したものである。また後者は、玉縄の北条氏繁より指示を受けた小金城主高城胤辰が、配下の小金領改衆に対して、常陸奥郡から下総国小金領内へ入った富士参詣の「奥衆十五人」について、道者改めを行ない、路次中が相違ないように指示を与え、取り計らうべきことを命じたものである。

この奥衆十五人の道者らを率いたのが、小沢左馬允であったとみられ、古くからの高城氏とのつながりや下総小金領内の小沢一族の存在などを前提として、相模東部・三浦郡および武蔵久良岐郡の支配を管轄した玉縄城主北条氏繁に、江戸湾の渡海・領内通行の許可を要請してこれを認

められ、高城氏がその道者らの取り扱いを任されたものと考えられよう。

また、十五世紀末から十六世紀の前期にかけて、本佐倉城（印旛郡酒々井町）主・千葉勝胤の末子覚胤が二十三歳にて下総国北斗山金剛授寺尊光院（現千葉神社／千葉市中央区）第十四代権大僧都（妙見座主職）就任の儀に際して、佐倉より家臣の「小沢外記・麻生六郎左衛門両人越して、髪をそられし也」と伝えているが（国立公文書館所蔵本『千学集抜粋』）、この佐倉の小沢・麻生両氏もやはり常陸出身といえるであろう。

続いて、文明十一年（一四七九）五月九日、郷（本郷村か）へ来て手負いて馬橋で死去したという七沢氏（法名妙沢入道）は、太田道灌・資忠《すけただ》に属した相模国中郡七沢（神奈川県厚木市）の扇谷上杉氏の家臣（上杉朝昌の一族縁者か）と考えられる（『上杉系図』）。この七沢＝妙沢入道が没した文明十一年五月といえば、太田道灌の弟・太田資忠および武蔵千葉自胤《これたね》の軍勢が、千葉孝胤《のりたね》・臼井氏・原氏らの立て籠もる下総臼井城（佐倉市）を攻囲していたさなかのことである。臼井城は七月十五日に陥落し、太田図書助（資忠）以下五十三人が討死しているが（『鎌倉大草紙』『太田道灌状写』）、七沢氏はこの少し前に千葉方の高城氏勢力下の本郷・馬橋方面へ進出して負傷し、五月九日に没したものとみられる。

同じく馬橋において死去した左近氏については、過去帳に「妙満入　左近次郎　平賀ニテ　文明十六丙辰〈甲辰／一四八四〉十一月」（上四日）、「左近太郎法名妙道　平賀クホ　文明□□」（上八日）、「妙道　左近三郎　三月寺中」「妙秀尼　クホ〈久保・久保平賀〉左近二郎母　永享十一〈一四三九〉四月」「妙法入　寺中左近五郎　長禄二戊寅〈一四五八〉三月」（中十三日）、

「妙名位　カツサウチ〈上総内〉左近二郎　文明十一己亥〈一四七九〉四月」（下廿五日）などの記載がみえるので、本土寺・小金城周辺の平賀村・久保平賀村・上総内村を地盤とし、同寺中でも活動した日蓮宗の檀徒であり、同寺創建以来の有力檀越である曽谷氏の中間としても仕えていたが、康正二年（一四五六）正月十九日の市河合戦で曽谷氏が滅亡して以降、急速に当地で勢力を伸張してきた高城氏にいわば必然的に帰属することになったといえる。

しかし、この市河合戦に敗れた千葉自胤・実胤が武蔵国へ脱出して扇谷上杉氏の家宰太田道灌を頼ると、これ以後、その武蔵千葉自胤らを支援して太田氏の下総進出が始まり、文明十一年に臼井城合戦が起こったが、先記のように馬橋方面へも同氏の勢力が及んできたのであった。『年代記配合抄』によれば、文明十六年（一四八四）五月十五日、太田道灌は馬橋城を築いたが、同十八年（一四八六）七月二十六日に道灌が相模国糟屋（神奈川県伊勢原市）で滅亡したため、「即時ニ馬橋城自落ス、太田六郎右衛門立遺跡」と記されている。この頃、馬橋が太田氏の軍事拠点となっていたことがわかり、下総千葉方の原氏・高城氏との在地支配をめぐる鬩ぎ合いが起こっていたのではなかろうか。そして、道灌の滅亡という事態によって、高城氏に当地支配の途が開かれることになったのである。

また、延徳三年（一四九一）に馬橋の万満寺で誅せられた羽黒修理亮は、「布施殿」とあるので、守谷相馬氏の地盤の一つであった常陸川（現利根川）に面した布施城（柏市）に関連しようか。永正・大永期（一五〇四～二八）頃には、下総国北相馬郡守谷城（茨城県守谷市）主・相馬胤徳（徳誕蔵主／宝林庵主）の子・布施隠岐守胤保が同城に拠っていたと推定されるが（『相馬之系図』）、これより以前、同城には「羽黒」（柏市柏字羽黒）の地を本貫（名字の地）とする羽黒修理亮が拠って、布施殿と称されていたのであろう。馬橋の万満寺でこの羽黒氏を誅伐したのは、おそらく相馬氏とも深い関係にあった当地の高城氏＝「高城安芸道友入道」（明応四年〔一四九五〕没）であったものと思われ、この頃、万満寺が高城氏の居館・陣所としても機能していたことが推察される。なお、八木原本『小金城主高城家之由来』には、後年、高城胤辰・胤則の家臣に「布施美作守」がみえる。

永正十四年（一五一七）閏十月十七日に馬橋で討死した畔蒜《あひる》右京亮・戸部三郎左衛門の両人については、高城氏の家臣とみてよい。後年には、天正十五年丁亥（一五八七）三月二十一日に没した「常喜霊　畔蒜右京亮」がおり、その舎兄「法圓」は天正十八年（一五九〇）正月二十一日に高城氏の支配地であった手賀沼南岸の鷲谷《わしのや》（柏市鷲野谷）で死去しており、またこの天正末期には鷲谷に高城氏家臣の染谷二郎右衛門尉・平川若狭守らも拠っていたのである（『本土寺過去帳』『染谷勝彦家文書』）。高城家之由来にも、安蒜（畔蒜）・戸辺（戸部）氏を載せる。

それでは次に、高城氏が拠った馬橋の居城について検証しよう。天文六年（一五三七）に小金城の普請がなった際に、城中城外に諸寺院や諸士の家屋を配置したが、それと同時に馬橋の万満寺を「出張《でばり》」となし、同寺背後の台地を「城地」に取り立てたと伝えている（高城家之由来）。つまり、万満寺の敷地を含むその背後の台地が馬橋城であったというのである。万満寺は、すでに十五世紀末の延徳年中には高城氏の陣所・軍営としての機能を有していたとみられ、それがさらに天文期に至り、合戦に備えて背後の丘陵を城地に取り立て、戦国城郭として整備・強化をはかったものと考えられる。

この万満寺の背後・字寺田の北側にあった馬橋城跡（松戸市馬橋字上ノ台・城山）は、かつて北西へ突出した幅約一三〇㍍、長さ約三〇〇㍍の細長い舌状台地上に占地したが、今日、削平されて住宅地となり、遺構は何一つ残されていない。ただ唯一、城跡北の谷津を隔てた三ケ月《みこぜ》字島谷台の南端に、三日月神社（祭神・月読命《つきよみのみこと》）が祀られているのみである。これは、千葉氏・高城氏の家紋「月星・七曜・九曜・十曜」「井桁《いげた》に九曜」に連なるものであり、この三日月神社の存在はまさに高城氏が月星の神を信仰していたことを示しているといえ、また同氏の指物の印が「半月」（弦月・弓張月）であったことでもそれは頷けよう（『千葉伝考記』／『上杉家文書』関東幕注文／『万満寺記・高城家略伝』）。

ただし、この高城氏が構築した万満寺背後の馬橋城が、文明十六年（一四八四）に太田道灌が築き、同十八年（一四八六）に道灌滅亡に伴って自落したという馬橋城の旧跡を再構築したものであるのか否かについては、今、明確にし得ない。

一方、馬橋の南側の丘陵上には、中根城跡（中根字要替・新作字要害）があり、この城を『鎌倉大草紙』に記されている千葉頼胤・貞胤・氏胤および原胤房らが相次いで在城したという「小金の城」にあてる説もある（『東葛飾郡誌』）。すなわち、大草紙に「小金のまばしと云所」との既述があることから、馬橋は小金の内に含まれるゆえに、千葉・原氏時代の小金の城とは、馬橋に南接する中根城がこれに該当するとされたのである。その城域は、南北六〇〇～六五〇㍍、東西幅が北部で約二五〇㍍、南部で最大約四五〇㍍で、当地域においてはかなり大きな城といえる（詳細は『東葛の中世城郭』参照）。

馬橋は、坂川・前田川・長津川が合流する沖積地に万満寺を中心として形成された集落・市宿であり、北側に馬橋城、南側に中根城の両城山台地に挟まれていたのである。過去帳に、「妙蓮寅年　マハシ　コンカキ〈紺掻〉」（上二日）・「宗喜　馬橋　番匠　二郎右衛門　亥年十月」（下廿六日）・「妙珍尼　那須息女　マハシニテ」（同）・「真行坊日龍　弘法寺ノ衆　マハシニテ　五月」（下廿八日）・「妙正入　八月　マハシノ正阿番匠」（下廿九日）などの記事がみえるので、馬橋には紺掻《こんかき》（紺屋／染業者）・番匠（大工／工匠）など職人が集住し、また真間山弘法寺（市川市）の衆徒・門徒や僧侶、他所他国の人々・商人らも来往して、おそらく市場も立ったであろうし、万満寺門前の宿としての賑わいがあったと思われる。

以上のように、高城氏は馬橋へ入部して万満寺を陣所に取り立てて当地支配を推し進め、やがて宿を見下ろす近郊台上に城郭を構えるに至ったのである。馬橋城跡近くの三日月神社と同様に、中根城跡には字要替の台地先端部に妙見神社が祀られていることから、同城も千葉・原氏ないしは高城氏ゆかりの城であったことは間違いないであろう。そして、戦国盛期には馬橋城に加えて、中根城も高城氏の持城の一つであったと考えられるものの、この両城が本支城の関係にあったものか判然とせず、またその機能した具体的な時期や城主についても、史料・記録等がなく特定できない。

馬橋の高城氏については、十五世紀後半の文明～明応期に高城孫八・高城安芸入道・高城安芸道友入道らの居住が認められるも、これ以後の同氏の存在を馬橋に確認することはできない。しからば、高城氏の家臣らが両城に在城していた可能性もあろうか。

高城氏と曽谷氏・花井氏

ここでは、『本土寺過去帳』の高城氏に関する記載のなかで、その一族＝姻族として登場する曽谷氏・花井《はなのい》氏について検討してみたい。

曽谷氏は、下総国八幡庄蘇谷郷（市川市曽谷）を本貫地とする在地領主であり、鎌倉期以来の千葉氏家臣として知られており、また八幡庄・千田庄（多古町）を地盤とした千田流千葉氏とも関係が深かった。とくに日蓮に帰依した曽谷教信は、法蓮日礼と号して曽谷館内に長谷山安国寺（曽谷一丁目）を開き、また建治三年（一二七七）に日蓮六老僧の一人・日朗とともに平賀の長谷山本土寺の発展につとめ、晩年には大野郷内に曽谷山法蓮寺（同市大野）を建立して隠居所とし、正応四年（一二九一）に六十八歳で没したのであった。以来、曽谷氏は本土寺をはじめ日蓮宗寺院と密接な関係にあったのである。そして、応永二十三年（一四一六）には、千葉氏の近臣の一人として「そやのたんしゃう〈曽谷弾正〉」が現われ、千葉新介殿（兼胤）円福寺参詣之時の振舞の事につき、木内氏・円城寺氏らとともにその奉行人を務めている（『圓福寺文書』）。

しかし、康正二年（一四五六）正月、千葉自胤・実胤を擁立して古河公方足利氏の軍勢と戦った市河合戦では、故千葉胤直（兼胤の子）の家臣「曽谷左衛門尉直繁〈法名秀典〉・同弾正忠直満〈蓮宗〉・同七郎将旨《まさむね》〈法名典意〉」をはじめ、下総・武蔵の円城寺一族・蒔田・武石・相馬

・足立・宍倉・豊島・児島・左近・匝瑳・戸張氏といった日蓮宗の有力檀越・門徒らが多数討死している（過去帳・中十九日）。敗れた曽谷氏は、千葉自胤・実胤および円城寺・木内氏らとともに武蔵へ脱出して扇谷上杉氏・太田道灌を頼り、文明四年（一四七二）五月十一日には「曽谷山城守〈法名典寿〉」が武州蒲田妙田寺（東京都大田区）にて死去し、次いでその跡を継いだとみられる「曽谷山城〈京宗位〉」が天文三年（一五三四）に没している（中十一日・十五日）。また、小田原北条氏に属して、天正十五年（一五八七）三月二十八日、小田原において没した「曽谷摂津守〈蓮純位〉」がみえる（下廿八日）。

他方、下総国に留まり、曽谷・大野郷や千葉庄野呂村（日蓮宗妙興寺／千葉市若葉区）などに拠っていた曽谷一族もいたのである。市河合戦の翌年（康正三年）には、討死した曽谷氏の親族らが死去している。

◇「寿芳尼　曽谷三郎殿悲母　康正三丁丑〈一四五七〉七月」（下廿二日）
◇「妙院尼　曽谷左衛門殿母儀　康正三丁丑〈一四五七〉八月　大ノ〈野〉」（下廿五日）
◇「堯院尼　康正三丁丑〈一四五七〉十二月増御悲母　曽谷左ヱ門殿ノ」（中廿日）
◇「曽谷将典　三郎殿　同〈文明〉十二庚子〈一四八〇〉五月」（中十八日）
◇「妙幸霊　ソヤ〈曽谷〉神五郎　丙寅〈永正三年（一五〇六）〉五月」（中十九日）
◇「上国坊日遠　曽谷ニテ　天文十辛丑〈一五四一〉八月」（下廿三日）
◇「日胤霊　曽谷ノ又十郎殿　丁亥〈天正十五年（一五八七）〉三月」（下廿九日）

◇「日保尊位　曽谷千田中務大輔　天正十七己丑〈一五八九〉四月」（下廿七日）
◇「曽谷浄宗　野呂　十一月」（下廿五日）

〈高城・蓮上坊一族関係図〉

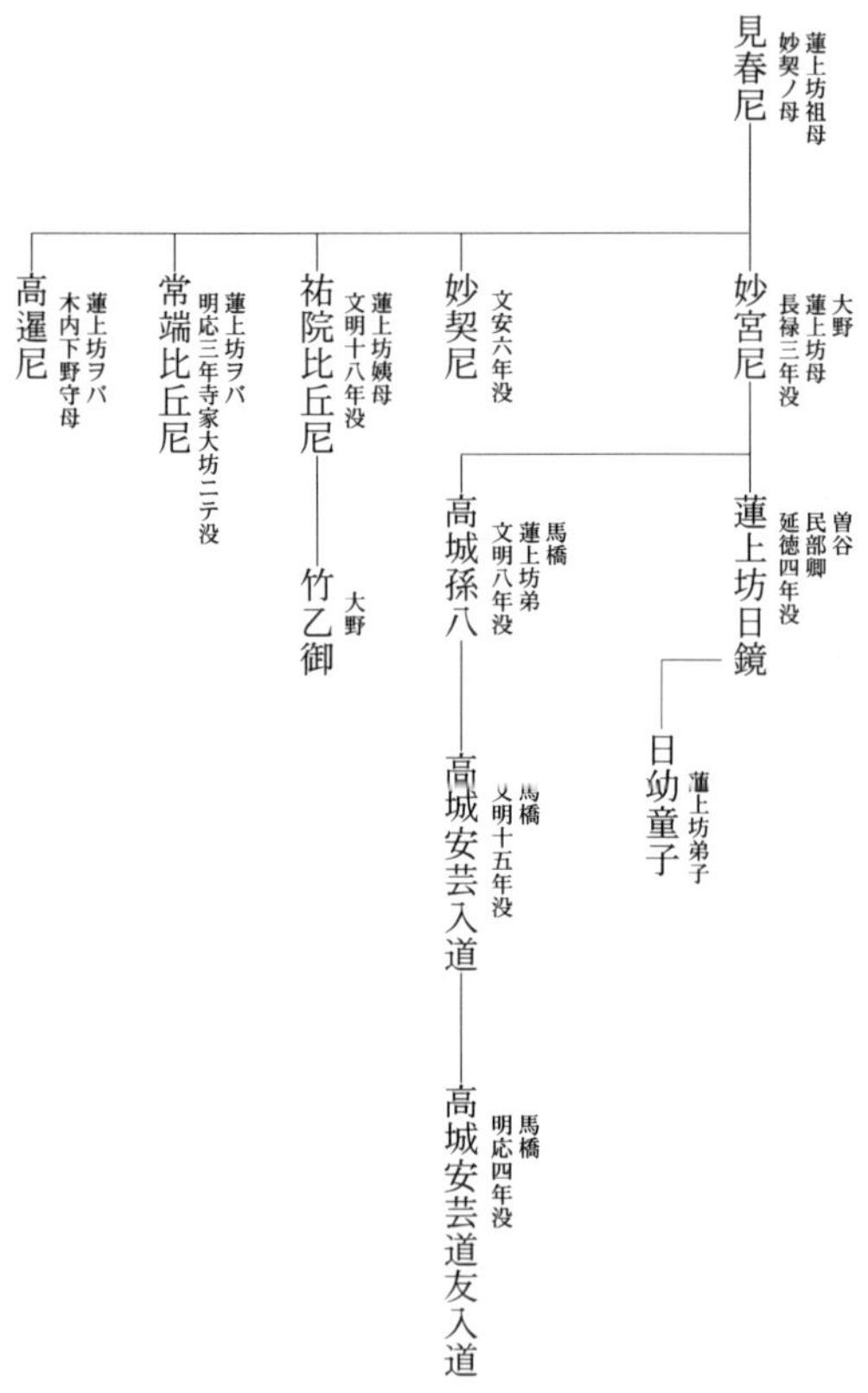

さて、こうした曽谷氏一族は、市河合戦以後、本土寺を通して当地の高城氏とも結び付きを深めたようで、同過去帳に両氏の関係を表わしている記事として、「高城孫八　蓮上坊弟　マハシ同〈文明〉八丙申〈一四七六〉三月」（下廿一日）がある。この蓮上坊とは、本土寺僧侶の「曽谷民部卿　蓮上坊日鏡」のこととみられる。過去帳前文によれば、市河合戦直前の康正元年（一

四五五）の乱世十二月二十日、当寺の仏経等を悉く散失したが、この過去帳は仏道の根源として未来永劫《えいごう》に伝えるべく、寛正七年（一四六六）二月に勧進を行なって紙の買入れに奔走致し、墨を用意し、その書写がなされた。この時の筆者が、蓮上坊日鏡であったというのである。

高城孫八は、この曽谷氏一族の蓮上坊の弟ということなので、曽谷氏からの養子か、あるいは姻戚関係にあったことが推察される。蓮上坊の一族については、過去帳に次のような記載がみえる。

◇「妙宮尼　蓮上坊悲母　□□〈大ノか〉長禄三己卯〈一四五九〉七月」（下廿九日）

◇「祐院比丘尼　蓮上坊姨母《いぼ》・竹乙御ノ悲母　大ノ〈野〉　文明十八丙午〈一四八六〉二月」（上五日）

◇「蓮上坊日鏡　延徳四壬子〈一四九二〉十二月」（上七日）

◇「常瑞比丘尼　蓮上坊ヲハ　明応三甲寅〈一四九四〉八月　大坊ニテ」（上五日）

◇「本妙位　日鏡弟」（上四日）

◇「高遅尼　木内下野守母儀　蓮上坊ヲハ」（中十七日）

◇「日幼童子　蓮上坊□□〈弟子〉」（下廿九日）

◇「見春尼　蓮上坊祖母・妙契ノ悲母」（下廿九日）

◇「妙契尼　同〈文安〉六年己巳〈一四四九〉四月」（上四日）

以上の記事を整理すると、右記のような関係図となる。

西下総へ入部した高城氏は、当地の古くからの有力な在地領主で、且つ応永期に千葉氏の奉行人をも務め、しかも本土寺と密接な関係にあった曽谷氏一族と結び、勢力を伸張していったと考えられるが、これに対して曽谷氏もまた高城氏に依拠して各地へ進出していったのである。また、蓮上坊の伯母（叔母）・高暹尼は、木内氏へ嫁して木内下野守の母となっており、曽谷氏は当国の有力者・木内氏とも結び、おそらく高城氏も曽谷氏を通して木内氏と関係を深めたものと思われる。さらに、過去帳には、

◇「妙祐尼　アヒコノ尼ノ女□〈祖カ〉母本八大ノ〈野〉者也　文明十二庚子〈一四八〇〉四月」（下廿一日）
◇「妙寿比丘尼　曽谷殿息女　大椎ノ　文明十四壬寅〈一四八二〉六月」（中十四日）
◇「妙初尼　曽谷弾正悲母　金杉ニテ　享徳三〈二カ〉癸酉〈一四五三〉十二月」（中十三日）
◇「妙性尼　孫八祖母　三月　カ子スキ」（上七日）
◇「妙日入　孫八ヲチ　九月　カ子スキ」（中十八日）
◇「妙道善門　孫八親父　二月　カ子スキ」（下廿六日）
◇「妙了入　孫八家中ノ父　二月　カ子スキ」（下廿八日）
◇「妙日入　孫八　金杉二郎四郎父也　同〈文明〉八丙申〈一四七六〉十二月」（下廿四日）

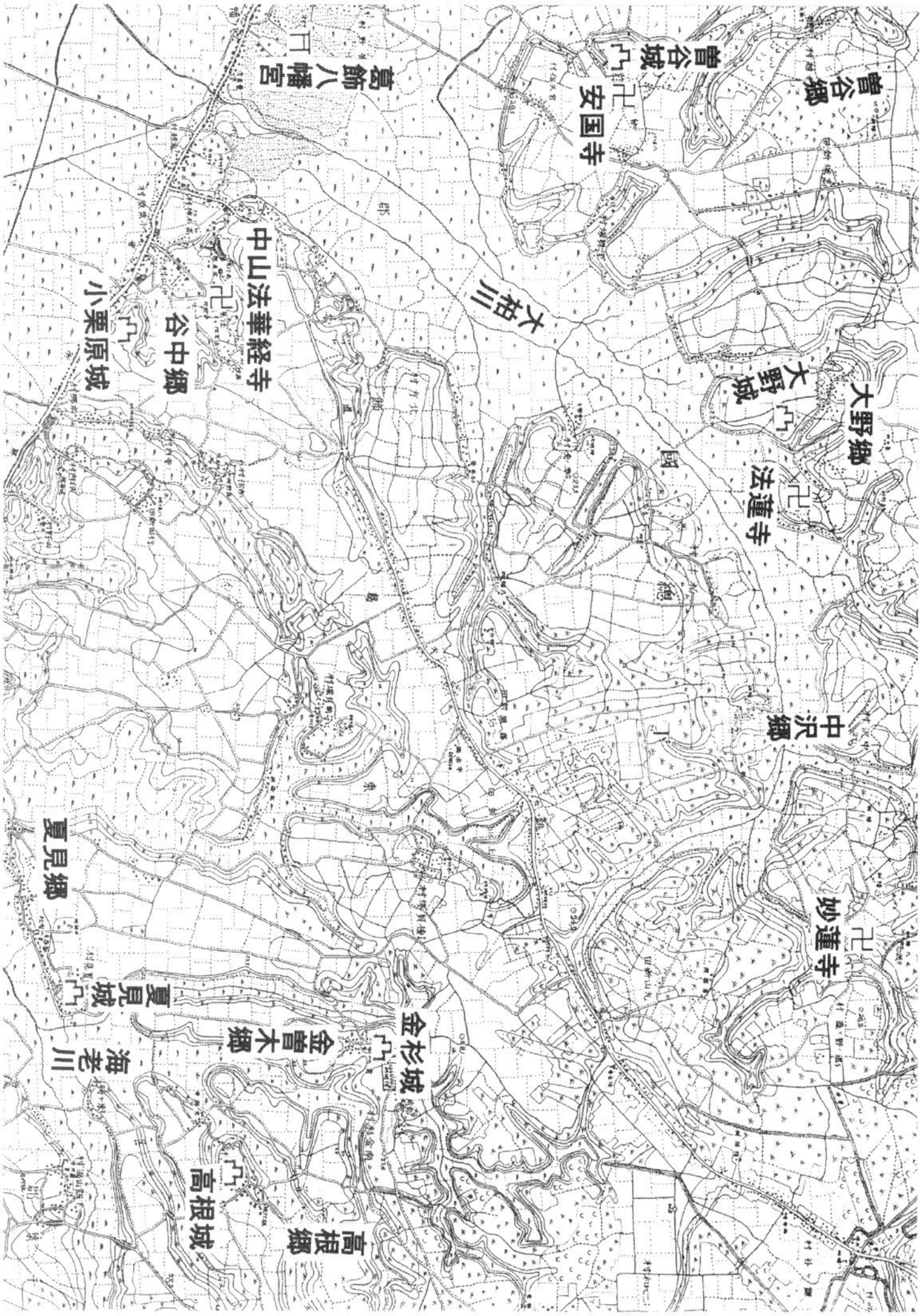

金杉村（金曽木郷）・曽谷郷・大野郷近傍地図
（原図・明治13年参謀本部陸軍部測量局測量二万分之尺［八幡町］）

などの記事があり、我孫子・大椎・金杉の地にも曽谷氏の一族が拠っていたことがわかる。なお、高城孫八は文明八年三月二十一日に没したとあり、右の同年十二月二十四日没の妙日＝孫八とは月日が整合せず、別人かも知れないが、過去帳中に散見される重複記事の誤記・錯誤の可能性もあるので、一応掲げておいた。

　上総国大椎郷（千葉市緑区）は、この頃、千葉・原氏の拠点の一つであったと思われ、周辺には下総小弓城（同中央区）・上総小西城（大網白里町）の原氏一族、上総山倉の高城氏、千葉庄野呂村（妙興寺）に曽谷氏らがいたのである。また、「金杉」「カ子スキ」については、その比定地を特定しなければならない。すなわち、本土寺や小金城に近接する金杉村（松戸市中金杉／当地に高城氏の菩提所・広徳寺あり）、ないしは船橋（夏見）御厨内の金曽木郷＝金杉村（船橋市金杉）のいずれに該当するのか、まず検討が必要である。

　過去帳に、年号表記のある金杉・カ子スキの記載は、初見が応永十三年（一四〇六）三月で、そのあと明応十年（一五〇一）正月までの間に集中的にみられ、この明応十年をもっていったん途切れ、およそ一世紀を経て、近世初頭の文禄　一年（一五九二）十二月に「法伝霊　金杉　十右ヱ門」（中十七日）の表記がみえ、さらに慶長・元和・寛永と記載が続いている。つまり、後半の文禄二年以後の記事は、金杉・広徳寺などの表記から明らかに小金城北方の金杉のことであり、したがって前半の十五世紀の金杉・カ子スキとは、区別する必要があろう。結論を先に述べれば、十五世紀のカ子スキの表記は、船橋御厨内の金曽木＝金杉に該当するものとみられるのである。

　今日、船橋の金杉城跡（船橋市金杉二丁目／字自世開《じしげと》）の城域内には、大野家・平野家などの旧家があり、また「字高木」の地名も残されており、さらに過去帳の「カネスキ南」「金杉クホ」「カ子スキ入谷」「カ子スキ入ヤツ」などの記事も、同城跡周辺の地名「字南」「字久保」「北谷津」を指すものではなかろうか。さすれば、この船橋御厨内の金杉村には、曽谷弾正の母や高城孫八の祖母・伯父（叔父）・親父、家中の者らが拠っていたことになろう。そして、金杉の立地は、金杉城の南東約一・五キロメートルのところに戦国期高城氏の一族が居城としたと伝える高根城（同市高根町字城高山）があり、しかも西方六キロメートル余のところには曽谷氏の本貫地・八幡庄曽谷郷（曽谷城）が位置するという地理的環境にあったのである。

次に、花井《はなのい》氏については、過去帳に「高城彦六　花井六郎左衛門子息　延徳四壬子〈一四九二〉六月」（中十七日）、「鶴子童女　花井八郎左衛門息女　文明十一乙亥〈一四七九〉」（中廿日）とみえ、十五世紀の後半頃、西下総に花井六郎左衛門および同子息の高城彦六、花井八郎左衛門・同息女鶴子らがいたことがわかる。また、没年未詳であるが、「浄英位　高城彦六殿　五月」（下廿九日）とあり、これも同一族であろうか。

この高城氏の一族・花井氏とは、如何なる素性であるのか史料・記録等がなく明確にし得ないが、ただ奥州相馬氏の事蹟・家伝秘事を記した『奥相秘鑑』（相馬市史資料編）の中に、近世初頭に相馬中村城主・相馬利胤（初名三胤・密胤）が、江戸谷中の瑞林寺を御旅館としていた節に、「住寺ノ児姓・花井門十郎常陸浪人」を召し抱えて本国へ召連れ、相馬家臣の泉藤右衛門に預けて、花井門十郎を改め、泉縫殿助と名乗らせたという記事があり、これによって花井氏がもと常陸国出身であったことが知れるのである。

とすれば、常陸の花井氏は、行方郡芹沢村の北西、高浜・行方の海（現霞ケ浦北部）へ流入する園部川上流域の常陸国府にも近い南郡（府郡）花野井村（茨城県小美玉市）を本貫とする在地領主であったと思われる。それは、当地を支配下に置いていた大掾氏の一族庶流であろうか。ともあれ高城氏は、常陸在国の頃に花井氏や芹沢氏・小沢氏らと入魂になったとみられ、やがて高城氏の下総国入部に伴い、これを頼るように花井氏・小沢氏らも同国へ渡ったことが考えられよう。

このように高城氏は、下総国へ入部して千葉・原氏に仕えるとともに、常陸在国の時代に培った芹沢・小沢・花井ら諸氏との関係を保持し、且つ八幡庄曽谷・大野郷・千葉庄野呂村・上総大椎郷などに拠った曽谷氏や木内氏ら在地の有力者と結んで成長し、栗ケ沢・我孫子・馬橋・小金・金杉・小弓並びに上総山倉など各地に一族を繁衍させて、その勢力を増大していったとみられるのである。

三　『千学集抜粋』記載の小金城高城氏

我孫子高城和泉守の小金進出

『千学集抜粋』（国立公文書館所蔵本）は、室町中期に千葉妙見宮別当寺・北斗山金剛授寺尊光院（現千葉神社）が作成した原本『千学集』（後世遺失）から江戸時代に抜き書きされて成立したものであり、その後、明治時代になって筆写されたものが今日に伝えられている。その内容は、千葉氏と守護神妙見菩薩との関わり、妙見宮の由来をはじめ、金剛授寺尊光院住持・妙見座主職代々の血脈並びに行事、千葉氏代々の事蹟、同一族以下家臣・諸士らの動向や在地領主層の様相などが記されており、とくに両総の戦国時代を研究するうえで重要な記録・資料といえる。

同記録には、小金城の高城氏に関する記事は極めて少なく、原・牛尾氏一族について記されたなかにわずかにみえるのみであるが、検証してみたい。まず、小弓城主原胤親（孫二郎／法号貞岳）の末子・原新左衛門尉胤善の家系について、原氏の本貫地・原郷に近い下総国千田庄牛尾郷（香取郡多古町）に拠ったとみられる胤善の子・牛尾美濃守入道胤資から尾張守胤広—隼人佐胤家と続いたことが記されており、さらにその子左衛門胤重・同弟右衛門尉・同弟竹二郎殿、「小金城にて皆打死」という記事がある。これについて、どのような事態が起こったのか詳細は書かれていないが、ただ小金城で討死したのであれば、同城に在城のところを攻撃されて討死したか、あるいは同城へ攻め寄せて討死したかのいずれかであるということになる。おそらく前者であろう。

すなわち、同抜粋には、これに続いて「牛尾美濃守入道〈胤資〉の子五人、第一・尾張守〈胤広〉、第二・五郎右衛門、第三・仁戸名《にへな》三郎左衛門、第四・女子小金高城和泉室、第五・女子府中石塚室、已上五人」という記事あり、小金城の高城和泉守と牛尾氏が姻戚関係にあったことがわかる。したがって、小金城で討死した牛尾氏の一族は、姻戚関係をもって親交を結んだ高城和泉守に味方して馳せ参じ、同城での軍事活動の結果、戦死したものとみられるのである。

高城和泉守のもとへ嫁してその室となった牛尾美濃守入道胤資の娘は、『本土寺過去帳』（中十七日）に「妙泉尼　高城和泉守内方〈妻〉　同〈文明〉八丙申〈一四七六〉十月アヒコ」とみえ、文明八年に我孫子の地において死去しているので、嫁ぎ先の高城和泉守は我孫子高城氏の一族であったことが推察される。そして、のちに和泉守は小金城へ移ったと考えられ、そのため我孫子には高城周防守の系統が残留したのであろう。

牛尾氏が討死した小金城での戦闘は、太田道灌・同資忠・武蔵千葉自胤の軍勢と下総の千葉孝胤以下原・木内・臼井氏らの軍が戦った文明十年〜同十一年（一四七八〜九）の境根原合戦・臼井城攻囲戦から、太田軍が馬橋城に駐留した文明十六年〜同十八年（一四八四〜六）にかけて、この間に起こったことと思われる。境根原合戦では原氏・木内氏らが悉く討死したといい（『鎌倉大草紙』）、また臼井城攻めに際して根戸城（我孫子市）が築かれたと伝えられ（『富勢村誌』）、さらに文明十一年五月には本郷・馬橋で七沢氏（妙沢入道）が負傷して死去し、同十七年八月には境根原（柏市酒井根）の北東、幸谷城（コウ城／同市増尾）において合戦があり、千葉氏に属したとみられる佐久間氏・三谷氏ら多数が討死するなど（過去帳上九日・下廿二日）、この頃、西下総では戦闘が相次いでいたのであった。

ところで、抜粋には、とりわけ天文十六年（一五四七）三月から同十九年（一五五〇）十一月にかけて、大檀那国守千葉親胤のもとで原式部大夫胤清が指揮して行なわれた千葉妙見宮建立並びに遷宮の儀式に、これに参加した原・牛尾一族以下、御一家・御近習侍衆・国中諸侍衆の名が多数記されているが、それら侍衆のなかに高城氏の記載はない。

ただし、原式部大夫胤清の一門・家風として、馬・太刀を献上したその筆頭に「高城《キ》」がみえており、以下に「両酒井・斎藤・菊間・加藤・秋山・岸谷・津・大熊・佐久間・府河・天生院殿」の諸氏を載せている。この原氏の一門家風のなかに牛尾氏がないのは、同氏が高城氏より上位の原氏の宗家に近い家筋であったためであろう。〔第一部・原氏〕のところで触れたように、原胤清の子息胤貞がいっとき牛尾氏を号し、また同じく胤清の子胤直（胤貞の弟）も牛尾弥五郎（左近太夫）を名乗り、次いでその子胤仲も牛尾右近太夫を称して千田庄多胡（多古町）に拠っていたことでも、それは察せられる。

高城氏は、古く千葉満胤の時代にはその家臣（直臣）であったとみられるが、その後、原氏に帰属するようになって、千葉氏との直接的な関係が聊か希薄になったのかも知れない。そして、高城氏は原一族牛尾氏と姻戚関係を結んで親交を深め、やがてその一門家風に加わったが、これにより高城氏は千葉氏にとって陪臣《ばいしん》（又家来）的な存在となったのであろう。そのため、千葉氏の行事（元服儀式や妙見宮建立・遷宮など）において、高城氏は何ら役目につかず、太刀・馬・鳥目（銭貨）・酒肴等の御神前進物の奉納に際しても、原氏の一門・家風としてその名を列するに留まり、これらの事業・儀式へは原氏・牛尾氏の陰にあって表立っては活動しなかったものと推察される。しかし、弘治・永禄期になると、高城氏は千葉氏の陪臣（又家来）的な立場を克服し、次第に原氏と並ぶほどに成長して自立化を遂げるとともに、天正期には小田原北条氏に帰属して北条氏分国支配の一翼を担うことになるのである。

高城下野守胤忠の小金入城

永正十二年（一五一五）二月二十五日、小金城主高城和泉守（祖翁性高位）が没した（『本土寺過去帳』）。当時、我孫子には永正十一年（一五一四）七月二十七日に死去した高城周防守（法名実山宗真）の跡を受け継いだ高城彦三郎がいたと推定されるが、西下総における高城氏一族の趨勢は、この小金の高城和泉守や我孫子の高城周防守らの死によって衰微の傾向にあったと思われる。この時期、過去帳には、「高城治部少輔殿　永正十四乙丑〈丁丑の誤り／一五一七〉四月　番匠面〈埼玉県三郷市番匠免〉ニテ被被〈打カ〉」（下廿八日）、「高城源左衛門殿成幸位　大永四甲申〈一五二四〉七月」（上五日）、「高城彦三郎殿　享禄四辛卯〈一五三一〉九月小屋嶋〈野田市三ツ堀字小屋島〉ニテ」（上朔日）といった記事がみえるが、受領を名乗る一族がおらず、このあと高城下野守の登場を待たねばならない。

『快元僧都記』によれば、永正十四年（一五一七）十月十五日、上総国の真里谷武田氏の攻撃により原氏の下総小弓城が攻落され、「原二郎并家郎高城越前守父子滅亡」となったが、その一族（越前守弟か）の高城下野守（胤忠）が同城を逐電して西下総へ走り、故高城和泉守の跡を受け継ぐ形で小金城に入城し、我孫子・栗ケ沢・馬橋などの高城一族・家臣らを糾合して当地域を掌握したものとみられ、これは先に記述した通りである。このあと小弓城には、永正十七年〜同十八年（大永元年）頃に、古河公方足利高基の弟・義明が入城して御所とし、ここに小弓公方足利義明が成立する。

小金城主となった高城下野守胤忠は、過去帳（下廿五日）にみえる「輝叟玄楊　高城下野守当地頭　天文十五丙午〈一五四六〉四月」に該当しよう。ここに「当地頭」とあることから、胤忠は小金城を中心として当地域の支配権を握っていたことが理解できる。また、天文十五年（一五四六）四月二十五日に死去しているので、胤忠は小弓城を脱出した後、永正末から大永・享禄・天文初期にかけて展開された関東足利氏の正嫡をめぐる小弓公方足利義明と古河公方足利高基の抗争において、古河方として西下総でその矢面に立って小弓勢と戦い、さらに義明が討死した天文七年（一五三八）十月の国府台（相模台・松戸台）合戦も経験したといえよう。（なお小弓・古河の抗争については、拙著『小弓公方足利義明』参照）。

胤忠が没した後、その後継者は、下野守胤吉であるとされる。しかし、胤吉の実在を証明し得る確実な文書・史料等はない。過去帳には、「傳昭玄心居士　高城下野守」「月奄桂林尼　同御内方」（中十二日）とみえ、これが胤吉夫妻とされ、また八木原本『小金城主高城家之由来』や

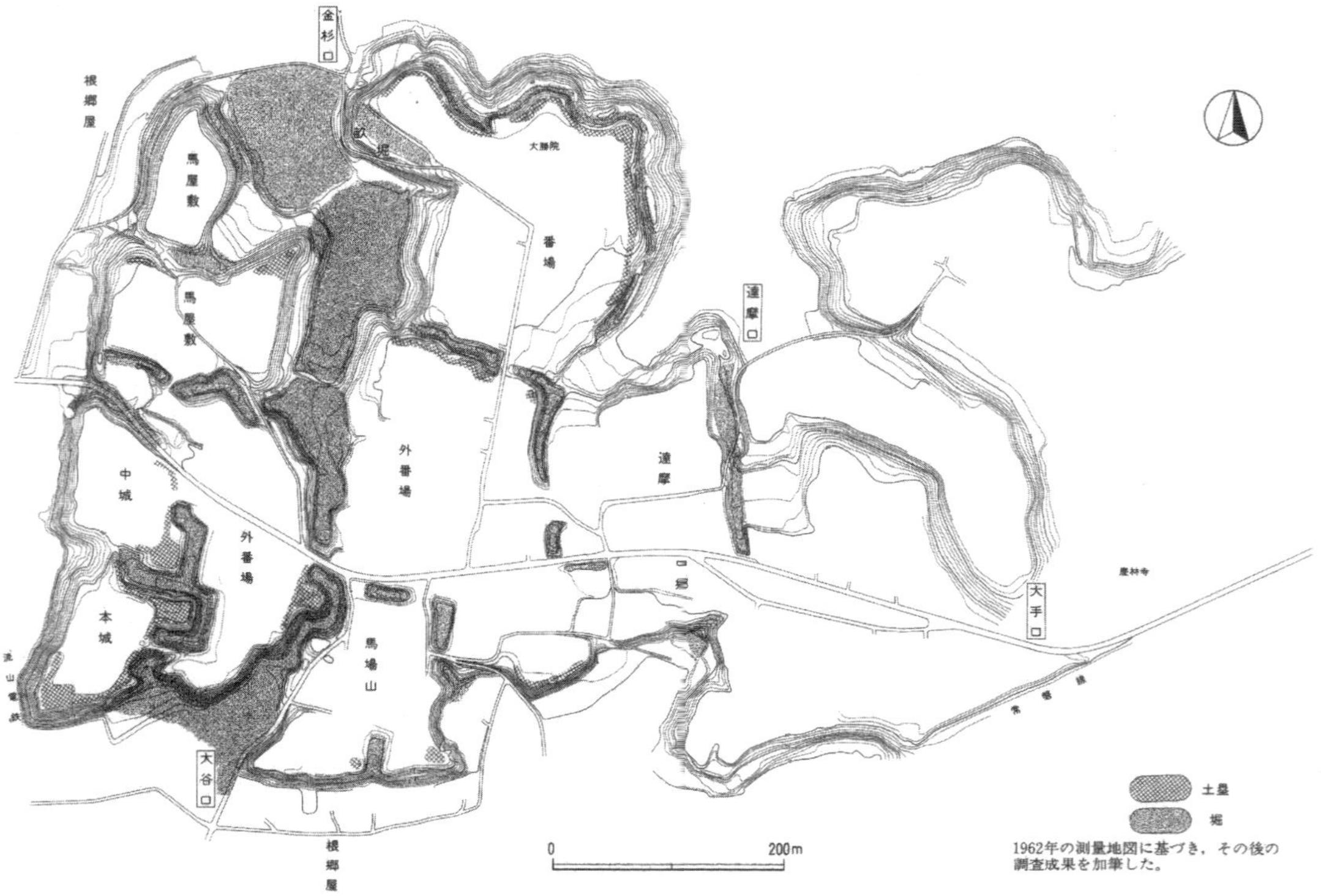

小金城跡全図

（『千葉県の歴史』資料編中世1・考古資料）

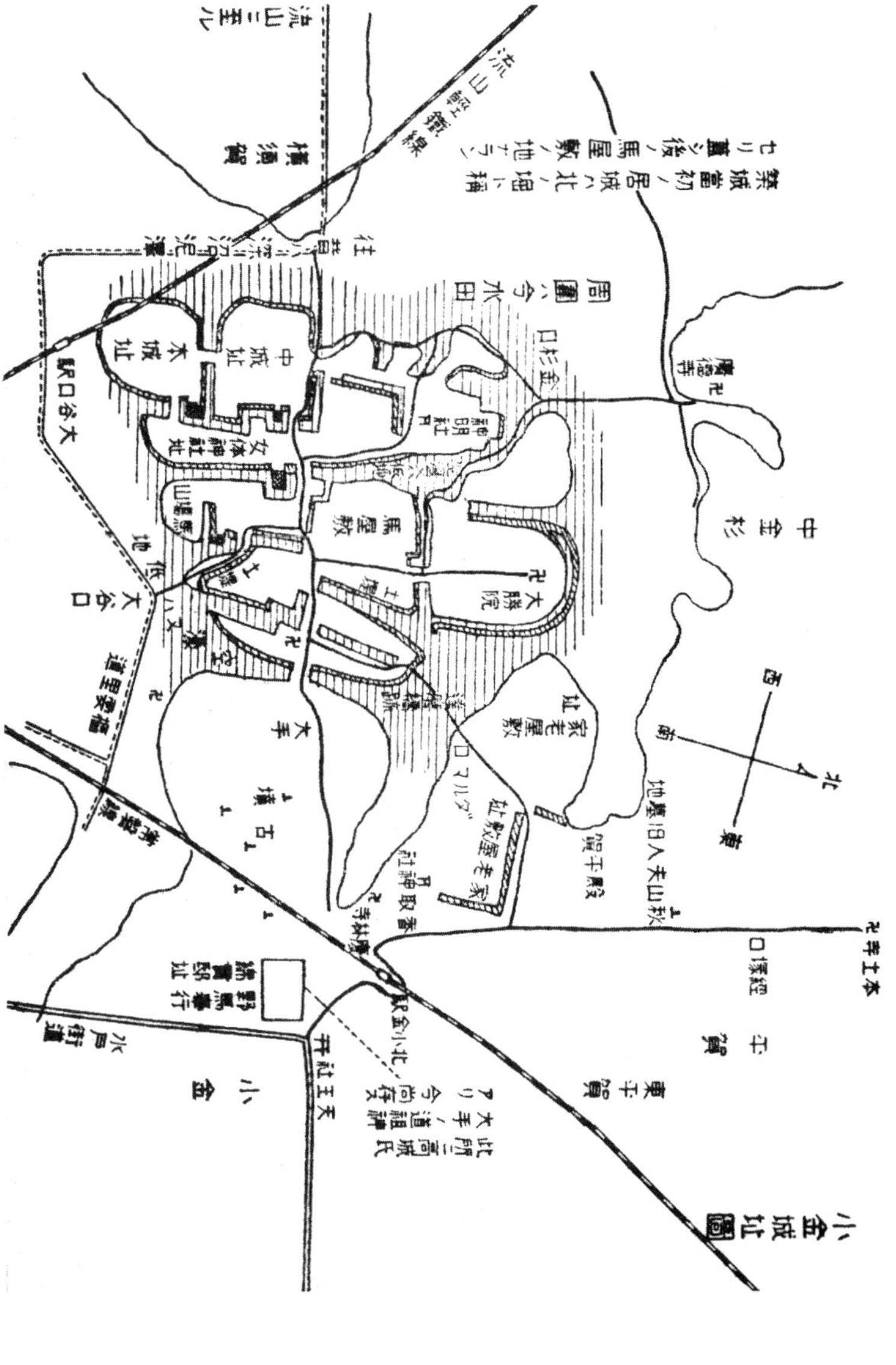

小金城址図（『東葛飾郡誌』）

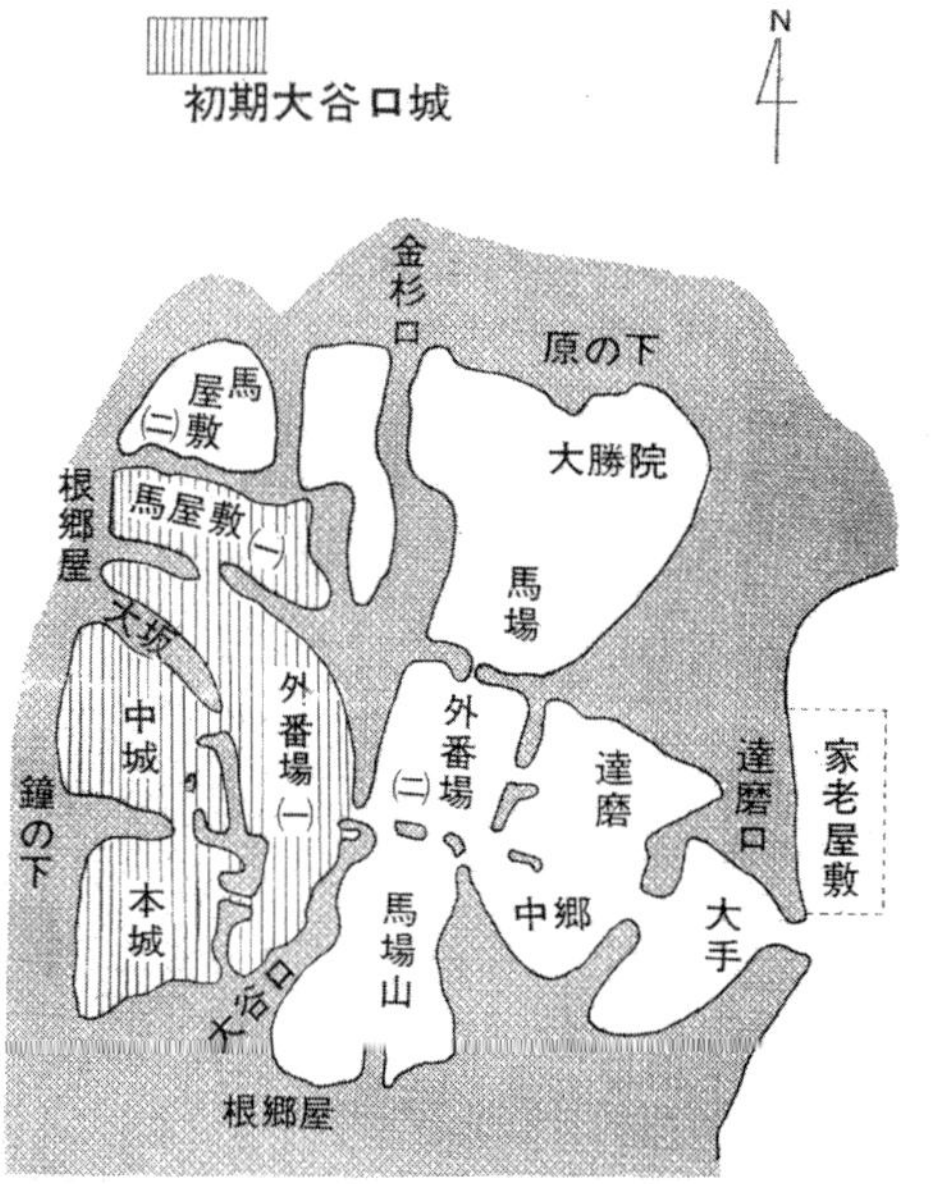

小金大谷口城略図
（『我孫子市史研究』第6号「高城氏研究Ⅱ・小金大谷口城考」）

房総叢書所収『高城家由来書』によると、胤吉は永禄八年（一五六五）二月十二日に死去して、城北の金杉村（中金杉）の金龍山広徳禅寺に葬られ、法名を「傳照玄心居士」と号したとある。そして、胤吉の妻（千葉昌胤の妹と伝える）は、直ちに落髪して城の東、鹿島神社の辺りに庵を結んで月菴桂林尼と号したが、三十日後の翌三月十二日に死去したため、嫡子胤辰が母の冥福を祈って奉行・花島勘解《かげ》由《ゆ》に命じ、熊耳山《ゆうじさん》桂林寺（松戸市殿平賀）を建立したという（のち天正十九年〈一五九一〉十一月、徳川家康から朱印地一〇石を寄進され、慶林寺と寺号を改める）。

『中山法華経寺文書Ⅱ』（千葉県の歴史資料編中世2）に、高城氏と法華経寺が争った不入権をめぐる訴訟について、小田原北条氏の評定衆が下した天正十七年（一五八九）二月十四日付の虎朱印裁許状があるが、その中の一節に「一、天文十七戊申、高城源次郎祖父、対中山如前代、

曹洞宗金龍山広徳寺の本堂

広徳寺境内の高城氏墓所

不入不可存無沙汰与云一筆披見之事、右彼是以訴状之道理明白也」という記述がみえる。天文十七年（一五四八）高城源次郎（胤辰の子胤則）の祖父の代に、中山（法華経寺）に対して与えた「如前代、不入」と認めた一筆を、評定衆が披見し、これによって寺側の訴えの方が道理に適うことは明白であると一決されたものである。この高城源次郎の祖父とは、すなわち胤吉のことであり、胤吉の前代、すでに胤忠の時代から法華経寺に対して保護を加え、特権として寺域内への

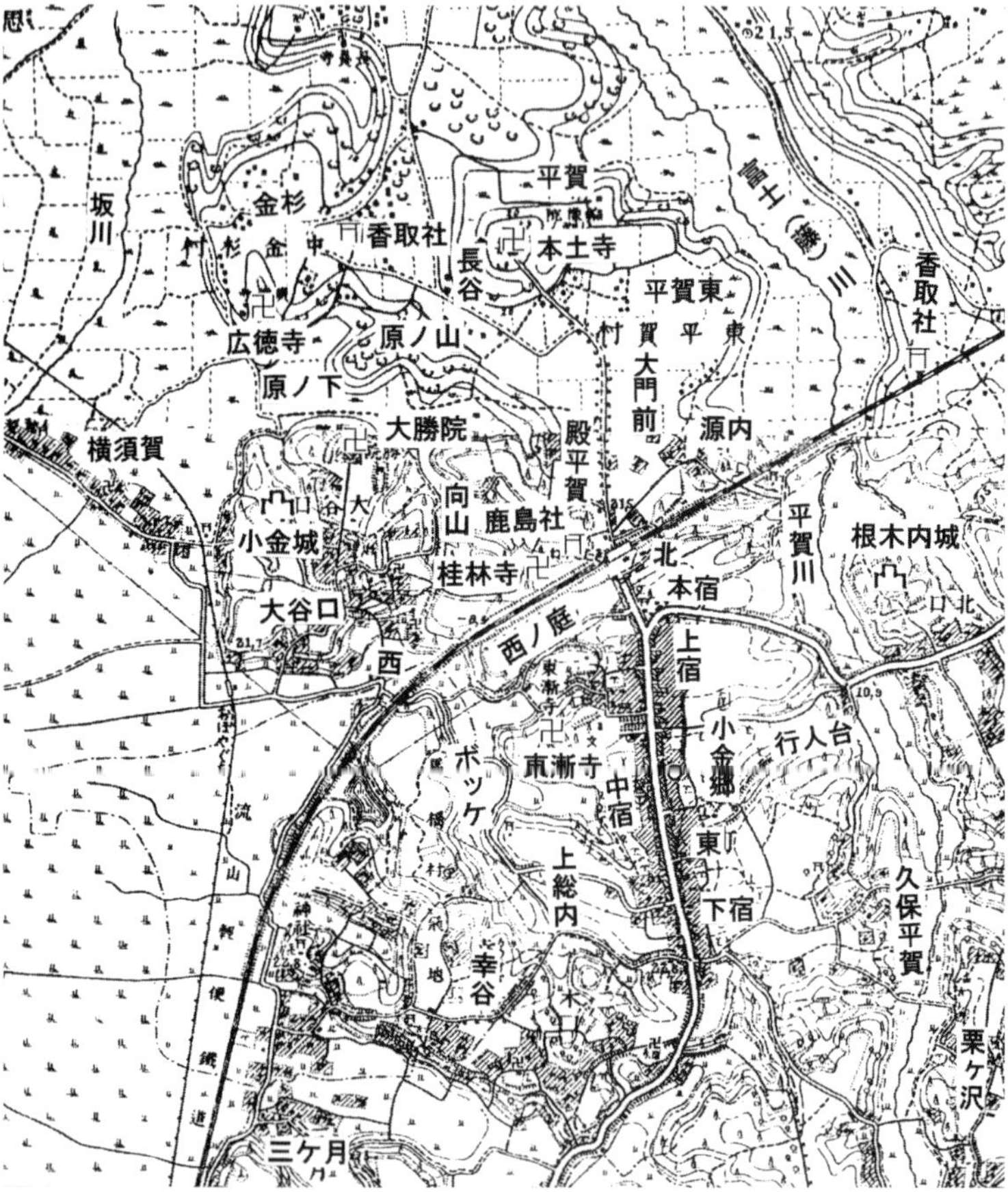

小金城跡近傍地図

(原図・大日本帝国陸地測量部大正6年測図二万五千分一之尺［松戸］
／『明治前期関東平野地誌図集成』二万五千分一之尺［流山］)

立入（年貢徴収等）を拒否できる不入権を認めていたことがわかる。

このことは、高城胤忠・胤吉の代に、早くも八幡庄内へ進出して、中山法華経寺をはじめその周辺へ勢力を及ぼしていたことを示しているといえよう。過去帳にも、文明～永正期頃と推定される「経仙聖霊　高城新左ヱ門殿家中親父　九月　市河二日市場」（中十四日）という記事あり、真間山弘法寺の南方の砂州上（「市川砂州」と呼ばれる）に発達した「市河両宿」（上宿・下宿／市川市市川二・三丁目）において「市河二日市場」が開かれていたことがうかがえ、当地で没した高城氏の関係者がいたのである。この市川上宿・下宿は、古くから弘法寺と深いつながりがあり、宿内には「上之散地」「当寺之簳地」などと呼ばれた弘法寺の敷地が存在し、そこには同寺の道場・宗教施設があった（市川字寒室《ひえむろ》地区／今、同所に日蓮宗安国院・玄授院・龍泉院あり）。また、弘法寺は宿町・市場の経営にも関与して得分を寺用に差し出させたとみられるが、高城氏は早くから当地へ進出してこれに介入し、やがて支配下に置くようになっていったことが推察される（『中山法華経寺文書Ⅱ』／『弘法寺文書』千葉県史料中世篇諸家文書補遺）。

前期小金城とその城下

小金城は、享禄三年（一五三〇）に築城が開始され、七年間の工期を経て、天文六年（一五三七）九月に完成し、高城胤吉・胤辰父子が根木内城（松戸市根木内字城の内・宿畑・北の台）から移居したと伝えている（八木原本『小金城主高城家之由来』／房総叢書所収『高城家由来書』）。

この築城年については、これを証明する確実な史料等がないため否定的な見解もあり、そのうえで天文七年（一五三八）の国府台合戦以降の築城という説も出されている。しかしながら、小金城の存在は、この天文六、七年よりも以前に遡ることができるのは間違いなく、それは『本土寺過去帳』や『千学集抜粋』などの記事から永正十二年（一五一五）に没した高城和泉守が小金城主であったということでも理解できよう。

しかし、この頃の小金城は、左記の「小金城跡全図」にみられるような大規模な縄張りをもった城ではまだなかったのである。戦国末期の小金城は、本城・中城・馬屋敷・番場・外番場・馬場山・達磨《だるま》・中郷など凡そ十二郭からなり、空堀・水濠・土塁・櫓・土橋等を配した連郭式が複雑に発達した特異な形態の城であったことが、発掘調査によって明らかとなっている。それでは、同城がこのごとく大規模に構築・整備された時期は、果たしていつ頃であったのか。永禄九年（一五六六）二月下旬、越後上杉輝虎（謙信）の率いる関越諸軍勢が原氏の臼井城攻撃に向かう途中、小金領内に入り「平賀之法花寺」（本土寺）へ制札を出して当地に在陣した際に、高城氏は小金城に籠城して関越軍の攻囲を凌いだと考えられるので（『本土寺文書』）、これより以前にすでに同城は拡張・増築によって防御性を高めていたことが推察されるのである。すなわち、東武蔵・西下総一帯が不安定であった永禄五年〜同七年（一五六二〜四）頃に、小金城は大規模な戦国城郭としての体裁を整えたものとみられるのである（『東葛の中世城郭』参照）。

小金城周辺の様相については、「根木内城の西、二十余丁を隔て、一つの高丘有り、その丘の西南は荒沢にして苜蓿《もくしゅ》（うまごやし／馬肥）・蘆葦《ろい》（あし・よし）生え、泥土深く、舟船《しゅうせん》・人馬の便を絶ゆ、東北は広野渺渺《びょうびょう》にして、谿間《けいかん》（たにま・たにあい）寂寞《せきばく》、国中無双の要害なり」とその地勢を伝えている（八木原本『小金城主高城家之由来』）。前期小金城の所在地もこの立地のなかにあったものと考えられ、それは戦国後期に拡張・整備されて成立した小金城の縄張りうちの西半部分（本城・中城・外番場・馬屋敷地区）が、その前身の城＝前期小金城であったものと想定されている。

小金城跡番場地区の丘陵全景
（馬屋敷〈南西〉方面から見る）。左手台地が大谷口歴史公園、右手が真言宗普門寺大勝院の台地。

日蓮宗長谷山本土寺の仁王門

それでは次に、前期小金城が機能していたとみられる十五世紀後半から十六世紀半ば頃にかけて、同城下・近辺の様相を探ってみよう。『本土寺過去帳』に記載されている同城下および周辺の地名を抽出すれば、「金《こがね》ノ殿内」「金ノ源内」「金　西」「金　西ノ村」「西ノ庭」「金ニシノニ八」「平賀西ノ村」「平賀 西」「金 本宿」「金下宿」「金郷北村」「平賀 原ノ村」「平賀東村〈東平賀村〉」「上総内」「平賀上総内村」「平賀クホノ村〈久保平賀村〉」「殿平賀村」「金ノ郷」「金宿」「小金上町〈上宿〉」「小金中町〈中宿〉」「小金谷村」「金 子キ内」などがあげられ、城下集落の広がり状況を窺い知ることができる。そして、これら小金城周辺の小金・横須賀・大谷口・平賀・本土寺中などには、太日川水系の水運によって成立した津・市場・宿町があり、そこには職人衆が集住し、他国出身の人々や商人らも来往しており、また本土寺の寺家・寺中門前には日蓮宗の僧侶以下信徒・門徒らが多数居住していたのである。

◇「道順位　番匠　木工助　金ニテ」（上七日）
◇「妙久入道　トハリ〈戸張〉番匠　当寺大工」（上七日）
◇「妙法　コンカキ〈紺掻〉彌八　平賀東ニテ」（中十三日）
◇「妙鏡尼　クホ〈久保〉番匠家中　永正十三丙子〈一五一六〉六月」「妙鏡尼　クホ番匠内家　永正十三丙子―妙意尼　同ムスメ」「妙意童女　クホ番匠　三郎二郎女　永正十四丁丑〈一五一七〉二月」（中十九日）
◇「傳照位　金宿カチ〈鍛冶〉　庚辰九月」（中廿日）

◇「知法童子　金　山本ノ下人　五月」（上九日）
◇「瑞建位　山本五郎太郎　古河ノ人也　同〈永正〉十二乙亥〈一五一五〉七月」（中十八日）
◇「法道入　市子父　東村六月」（上十日）
◇「妙法尼　寺中後谷　市子母　文明四壬辰〈一四七二〉四月」（中十六日）
◇「妙琴尼　大谷口市女母　同〈文明〉五癸巳〈一四七三〉二月」（下廿八日）
◇「桜〈佐倉〉隼人佑　金ニテ　同年〈永正十四年／一五一七〉七月」（中十五日）
◇「丞太郎右ヱ門　当所代管〈官〉　金ニテ被誅　同〈大永〉三癸未〈一五二三〉十一月」（下廿二日）
◇「妙東尼　市東出ノ者也　三月金ニテ」（中十六日）
◇「妙信尼　コカ子〈小金〉ニテ　ヒカシヲコ〈東塩古〉　永正十癸亥〈癸酉の誤りか／一五一三〉六月」「妙隆尼　ミノワ〈箕輪〉本郷人也　永禄十三戊午〈庚午の誤り／一五七〇〉十二月」（中十六日）
◇「正蓮阿日善―本八常州人也　金ノ殿内誦坊本　応仁三己丑〈一四六九〉四月」（下廿四日）
◇「蓮屋位　小屋野　上野人也　六月金ニテ死去」（下廿九日）
◇「蓮瑚位　西　新井殿父　九月　ムツラ〈六浦〉ノ人也」（下廿四日）
◇「渡辺　号妙渡　武州品河人也　金ニテ　被誅　六月」（下廿九日）

右によれば、小金宿に番匠（建築にあたる工匠・大工）や鍛冶、平賀東村に紺掻《こんかき》（紺屋／染物屋）らの職人衆がいたことがわかり、また久保平賀にも番匠集団が拠っていたのであり、さらに本土寺の建築に携わった相馬郡戸張郷（柏市）の大工がいたのである。

平賀東村と本土寺中の後谷《うしろやつ》で没した市子父《いちこ》（法道）・市子母（妙法尼）並びに大谷口市女母《いちめ》（妙琴尼）の記事からは、神霊を寄せて霊魂の心意・神託を告げ、または神前に奉仕して神楽・祈禱を奏する市子と呼ばれる少女や、市場で物を商う市女（女商人）が存在したことがわかる。

そして、小金宿には本佐倉城から来た原隼人佑をはじめ、上総国市東郡《しとう》（市原市）・下総国白井《しらい》庄塩古郷《しおこ》（八街市／佐倉市）・南相馬郡箕輪本郷《みのわ》（柏市）・常陸国などの出身者も在宿していたのである。また、山本氏・新井氏・渡辺氏らは、下総古河（茨城県古河市）および武蔵品河・六浦《むつら》（東京都品川区／神奈川県金沢区）を拠点とする流通商人であり、河川・海上交通を利用して来往し、城下西ノ村や小金宿において下人らを使って商業活動を行なっていたことが推知できる。

このように、小金城並びに小金宿・本土寺・周辺の村々では、僧侶・信徒・寺家奉公の者や道者衆、神人、代官並びに武士・従者・家中の者らをはじめ、商人・職人・百姓など多くの人々が活動し、とりわけ宿内の繁栄と賑わいぶりが窺われよう。

第二章　高城胤辰・胤則の小金領支配

一　下総の国衆高城氏と小田原北条氏

北条氏との関係

高城氏が小田原北条氏と最初に接触し、関係をもったのは、胤吉の時代の永禄初年以前である。永禄二年（一五五九）成立の『小田原衆所領役帳』（戦国遺文後北条氏編別巻）に、「他国衆」のうちに高城氏がみえ、北条氏から宛行われた所領として相模国内の「東郡小薗　拾貫文」（神奈川県綾瀬市）・「飯嶋木部分　拾七貫三百四十五文」（横浜市栄区飯島町字殿谷《とのやと》）が記載されている。高城氏（胤吉）は、北条氏家臣として明確に把握される以前に、下総の国衆として独立性を保持しつつも、このごとく北条氏から所領を与えられていたのである。

それでは、高城氏は北条家臣となって本領を安堵される以前に、何故にこれらの所領を宛行われたのか。その切っ掛けは、おそらく両氏が共に古河公方に味方して小弓軍と戦ったことによるものと思われる。すなわち、永正末・大永から天文七年（一五三八）小弓公方足利義明が滅亡するまで長きにわたって古河公方の最前線を支え、西下総で小弓方と戦ってきた高城氏と、国府台（相模台・松戸台）合戦で義明を討ち取った北条氏との接触・連係は、その軍事活動の帰結によって生じたいわば必然的な結果であったといえよう。

しかし、永禄三年（一五六〇）関東へ進出した越後の長尾景虎（上杉政虎・輝虎／謙信）のもとへ来属した関東諸将の名を列記した「関東幕注文」（永禄四年春成立／『上杉家文書』）のなかに、下総衆として「高城下野守〈胤吉〉　井けた二九よう〈井桁九曜〉」がみえ、景虎（政虎）の関東在陣中はこれに帰属したことがわかり、上杉軍が関東を去ると再び北条氏に通じたのであった。上杉政虎が上野国厩橋城（群馬県前橋市）より越後へ帰国の途についた直後、高城胤吉は早くも去就を変えて、永禄四年（一五六一）七月九日から同十五日頃、北条氏が推戴する古河城の足利義氏をみずからの小金城へ迎え入れているのである（『野田千弘家文書』）。また、永禄八年（一五六五）五月より以前、将軍足利義輝は関東諸侍中へ「禁裏御修理之儀」を指示したが、高城下野守（胤吉）も三月三日付で義輝の御内書を受け取り、この禁裏修理に忠功をなすように命じられている（『秋田藩家蔵文書』）。高城氏は、下総の国衆として北条氏に属していたものの、情況次第で北条氏から離反して長尾（上杉）氏に帰属を変えたり、また復属したり、あるいは室町将軍足利義輝からの直状（御内書）を受け取るなど、自立した勢力としてなお独自の行動を取り得る存在であったのである。

北条氏と高城氏の間に明確な主従関係が形成されたのは、胤吉が没した後、その子胤辰《たねとき》の時代であり、それは天正二年（一五七四）閏十一月に簗《やな》田《だ》晴助・持助の関宿城（野田市）が陥落したのを契機に、西下総の政治情勢が変化し、当地域の安定支配が促されたことに起因するものと考えられる。以後、高城氏は北条氏への従属性を深め、その支配領域の小金領を安堵されて、北条氏の関東領国支配の一翼を担うに至ったのである。ただし、高城氏は北条氏家臣として存立しつつも、なお自力によって小金領の領域支配を行ない、家臣団を掌握する独自性をもった領主としての地位を維持し、北条氏もこれを安堵することで了解していたのであった。

　高城下野守胤辰は、古河公方足利義氏に対する御年頭祝儀において、天正五年（一五七七）に代官相馬因幡守をもって「白鳥一」を進上し、翌六年（一五七八）二月二日にも「御太刀并白鳥」を進上して義氏から返礼の御剣を賜わり、また受領の御祝儀として「金襴《きんらん》一巻并青蚨《せいふ》千疋」を進上。さらに、天正八年（一五八〇）二月十日、高城下野守はみずから「御太刀并白鳥」を進上し、義氏から返礼の御剣を下され、同十年（一五八二）正月二十一日には、代官相馬氏をもって同じく太刀・白鳥を進上してやはり返礼の御剣を遣わされている（『喜連川文書』御年頭申上候衆書立写）。このように高城氏は、古河公方への年頭申上衆として、独自に祝儀を行なうことも北条氏から承認されていたのである。

胤辰の家督相続と江戸遠山氏

　小金城主高城胤吉が死去したのは、先記したように永禄八年（一五六五）二月十二日であったと伝えているが、この前年には北条氏康・氏政の軍勢と里見義弘・太田資正・同康資の連合軍が戦った国府台合戦が起こっている（八木原本『小金城主高城家之由来』／『本土寺過去帳』）。同由来によれば、この合戦には胤吉の「嫡男治部少輔胤辰、舎弟源六〈胤政〉・同四郎右衛門〈胤知〉一族」以下一千余騎が北条方として参戦し、小金城には老将胤吉および士《さむらい》大将平川若狭守らが立て籠もったという。とすれば、胤辰は当主として家臣団を率いて出陣したと思われるので、この永禄七年（一五六四）国府台合戦以前に、家督を相続していたことになろう。

合戦直後の二月十九日、胤辰は領内八木郷芝崎（流山市）に居住する家臣の「吉野見徒《つ》けとの」に対して、前代より持ち来たる「田地屋敷之事」について、万一「横合〈不当な妨害〉之儀」があっても、「少も不可有相違者也」とこれを安堵しており、この時すでに胤辰が家督の地位にあったことがわかる（『吉野文書』）。

『寛政重修諸家譜』（藤原氏支流・高城）および『高城系図』（享保期高城家由来）によれば、胤辰（胤吉の誤り）の子胤時＝胤辰は、初め童名茶筌といったが、龍千世と名を改め、十二歳で元服して下野守胤辰と名乗り、天正十四年（一五八六）に小金城で四十五歳にて死去し、法名玄酬を号したとある。さらに、両系図には天正十年（一五八二）十二月十六日に小金城において二十六歳で病没したとも記している。胤辰の没年については、『本土寺過去帳』（中十六日）に「関相玄酬居士　高城下野守　天正十壬午〈一五八二〉十二月」とみえ、これが正しいであろう。胤辰がもし二十六歳で病没したのであれば、生まれたのは弘治三年（一五五七）であって、永禄六、七年にはまだ七、八歳であったことになり、この年齢での元服もありえないことではないが、やはり前者の四十五歳で天正十年に没したとみるべきかと思われる。

したがって、胤辰は天文七年（一五三八）に生まれて、幼名を茶筌と称されたが、やがて継嗣と定められて龍千世と名を改めたとみられるのである。そして、天文十八年（一五四九）に十二歳で元服して下野守胤辰と名乗り、その後、家督を継承して、国府台合戦が起こった永禄七年（一五六四）には、分別盛の二十七歳になっていたのであった。

この国府台合戦を契機として、高城胤辰は八幡庄谷中郷中山村・市河村（市河上下両宿）や船橋郷（船橋六郷）など江戸湾岸地域への進出を開始するのである。すでに胤忠・胤吉の代の天文期に、谷中郷内の中山法華経寺に対して、「不入」を認める一筆を与えていたことは前章で触れた通りであるが、その後、国府台合戦の際の永禄七年（一五六四）正月二十五日、当地へ進軍した北条氏政が中山法華経寺を陣所と定めて、同寺への「横合非分」を停止し、不入を認めた安堵状（判物）を与えたが、これを受けて高城胤辰もその同じ日付で不入を認める証文を発給している。また、この頃に法華経寺の「寺内之掟」が成立し、高城氏はこれを承認したのであった（『中山法華経寺文書Ⅱ』）。

しかし、この当時、船橋郷は北条氏の支配下に置かれていたようで、江戸城代遠山丹波守（綱景）に属した江戸衆とみられる近藤万栄なる人物が、郷内に居住して当地支配に関わっていた。永禄三年（一五六〇）六月十六日、船橋大神宮の神主に対して、「西船橋九日市場之内、天王谷原并塩場之事」を、前代のごとく大神宮へ改めて遠山丹波守が寄進するので、永代知行すべき旨を万栄が一札を発給して伝えている（『意富比神社〈船橋大神宮〉文書』）。また、年未詳（永禄十二年〈一五六九〉か）二月二十五日付で、北条氏康が江戸衆の葛西城在番衆会田・窪寺両氏へ宛てた書状には、房州衆（里見氏）が市川筋まで軍事進攻してきたので、防備のため江戸衆に対して「其地〈葛西〉へ加勢之衆」を申し付け、江戸へは岩付衆を急行させるべく命じたが、「鉄炮・玉薬」は船橋の近藤万栄のところより取り寄せるべきことを伝えて、会田・窪寺両人の「走廻此時候」と忠節を促している（『穴八幡宮所蔵文書』）。これらの文書から、近藤万栄が船橋郷に在住して、大神宮の五日市場・塩場などの支配に関与し、また湊を押えて海上交易に関わり、戦時には鉄砲・玉薬など武器や軍事物資の調達をも担っていたことが理解できる。

さらに、船橋郷の西隣、八幡庄内市河宿もやはり江戸城代遠山綱景の支配下にあった。小弓公方足利義明が滅亡した翌年の天文八年（一五三九）四月二十日に、早くも下総市河之内真間弘法寺に対して、「御門前之御手作并畠之事」の寺領を、千葉・原氏の時代と同様に、改めて寄進する旨を伝えた寄進状を与えている（『弘法寺文書』）。そして、同月二十八日付で、遠山氏が寄進した「真間山弘法寺敷地手作之事」について、北条氏の支援により小弓城に復権した原式部大夫胤清も、これを承認している（同）。

天文から弘治・永禄期には、船橋郷・八幡庄谷中郷中山・市河両宿（上宿／下宿）・真間一帯の地が、北条氏の支配下に置かれて江戸城の遠山氏がこれを管轄し、原氏・高城氏はそのもとで当地において活動していたとみられるのである。とくに中山法華経寺は、永禄七年（一五六四）国府台合戦に際して北条氏の本陣が置かれて以来、同氏と直接的な関係をもっており、同寺に対する横合非分の停止や寺内で弓・鉄砲をもって青鷺《あおさぎ》を射ることの禁止、守護不入・寺内不入などを認めた多くの文書を北条氏から与えられており（『中山法華経寺文書Ⅱ』）、北条氏並びに江戸城遠山氏の当地域支配は、寺社・在地にかなり浸透していたといえよう。

だが、永禄九年（一五六六）三月には、越後上杉輝虎（謙信）の率いる関越連合軍が、原胤貞（胤清子）の臼井城攻撃に向かう途中で、船橋郷へ入り、大神宮へ制札を下しており、また同月中下旬の臼井合戦の際には、大神宮に北接する船橋台（船橋市台宿）に臼井後詰として北条氏の援軍・松田憲秀らの軍勢が展開するなど、当地は緊迫した状態にあった。次いで、永禄十二年（一五六九）二月には、房総の里見義弘の軍勢が「松戸・市川迄」進攻して、同月十九日に真間山弘法寺へ、同二十三日に中山法華経寺へそれぞれ「当手之軍勢・甲乙仁、乱妨狼藉之事」を停止した制札を出しており、同二十六日には引き退いて「臼井筋之郷村」（佐倉市）に放火し、二十八日に上総椎津城（市原市）へ退散したが、この時に近藤万栄が船橋郷において鉄砲・玉薬の調達に活動したのである（『意富比《おおひ》神社〈船橋大神宮〉文書』『関八州古戦録』／八木原本『小金城主高城家之由来』／『間宮家文書』〈松戸市立博物館所蔵〉『弘法寺文書』『中山法華経寺文書Ⅱ』）。

このごとく、永禄の末頃、下総西筋の情勢にはなお不安定なものがあったが、このあと元亀年間に入ると、当地域の政治情勢に変化が起こり、小金城主高城胤辰の勢力伸張により、遠山氏・江戸衆や原氏らの当地への関与が遠ざけられ、かわって胤辰が新たな権力者としてこの船橋・市河など下総西筋へ本格的に進出し、支配権を行使することになるのである。

胤辰の船橋郷・市河宿支配

元亀二年（一五七一）十一月二十六日、高城胤辰は船橋郷内の「舟橋天照大神宮」（船橋大神宮〈意富比《おおひ》神社〉／船橋市宮本五丁目）の神主・富《とみ》氏に対して、次のような文書（判物）を出した（『意富比神社〈船橋大神宮〉文書』）。これは高城氏が船橋郷・大神宮に関して発給した初見の文書である。

右、舟橋天照大神宮、我々従先祖奉信仰候之間、於何事も横合非分之儀不申候之処、今度宮中濁及度々以公事罷登候之事、以外口惜候、於後日者、諸事其方宮中之掟可被成候、□禰宜をも指出尤候、若背此旨者有之者、可被仰候、其方以談合、是非之落着可申候、

仍如斯、

（一五七一）
元亀弐年未辛　　高城

拾一月廿六日　　胤辰（花押）

神主殿

右によれば、胤辰は、船橋天照大神宮を我々先祖より信仰し奉ってきたもので、何事において

船橋大神宮本殿（船橋市宮本五丁目）

も横合非分（介入・妨害）の儀は申してこなかったが、今度、同宮中にて濁（五濁《ごじょく》・濁悪《じょくあく》）度々に及び、公事《くじ》（訴訟をもって小金の高城氏のもとへ罷り登ってくることは殊のほか口惜《くちおし》（残念に思うこと／失望・落胆の気持ち）ことである。向後は諸事について其の方らが「宮中之掟」を作成し、禰宜をもって当方へ指し出すのが道理である。もしこの旨に背く者があらば報告せよ、其の方ら談合をもって自力で「是非之落着」（事情がどうであろうともきっと落着すること）を遂げるように神主へ申し付けたのである。

　これによって胤辰は、宮中の掟を作成させて大神宮側に自力で紛争や騒動の処理を行なうように委ねたが、そのうえで掟に背く者があれば高城氏へ報告せよと命じており、大神宮の上位権力者としての立場を明確化したのであった。

　こうして、高城氏は当地域への支配権を強めたが、翌元亀三年（一五七二）閏正月には、小田喜城（大多喜町）主・正木憲時の軍勢が船橋郷へ進攻して、同月十六日付で船橋大神宮の神主富氏へ、「右、於于船橋富屋敷、調儀之時分、当手軍勢甲乙人等、乱妨狼藉之事」を停止した禁制《きんぜい》を出すなど、高城氏の当地域支配を脅かす事態も起こったのである。船橋富屋敷とは、大神宮神主・富中務大輔の屋敷のことであり、この軍事行動の背景には大神宮神主家が社領田畠在家・祭礼等の支配のほかに、船橋郷において市場・湊・交易・塩場などの経営にも関与していたことへの介入・強圧の意味もあったか。すなわち、北条氏政が越後上杉輝虎（謙信）との同盟を破棄して甲斐武田信玄と結ぶという外交政策の転換がもたらした正木氏の下総西筋への軍事活動であったとみられるが、その裏には江戸湾の海上交通の拠点・船橋湊の掌握という狙いがあり、それを企図しての侵攻でもあったと考えられる。

元亀四年（天正元年／一五七三）九月二十日、胤辰は船橋大神宮の神主に対して、次のごとく文書を発給して船橋郷内の地頭・代官や在地の地侍、百姓・商人および神人・氏子等に対する支配の在り方を、高城氏が直接的に支配する形に進展をはかった（『意富比神社〈船橋大神宮〉文書』）。それは、大神宮に委ねられていた宮中の掟による自力解決の法則・規範を超越したところの上級の地域権力者として、高城氏が打ち出した新たな支配形式への転換であった。

舟橋六郷之内、地頭・代官并百姓以下至迄、天照大神宮之御祭礼、田畠在家等、於諸事横合非分之儀不可有之候、若背此旨輩有之者、其身可為追放者也、

（一五七三）
元亀四年酉癸九月廿日　　高城
　　　　　　　　　　胤辰（花押）

神主殿

これによれば、胤辰は、船橋郷内に居住する地頭・代官から百姓以下に至るまで、大神宮の祭礼や田畠・在家等をはじめ諸事において横合非分を禁じ、もしこれに背く輩があれば、その身を追放すると同宮神主へ告げたのである。ここには、大神宮の祭礼・同宮領（田畠・在家等）への押妨があれば、地頭・代官といえども追放に処するといっているわけで、同神宮の神人・氏子はもとより船橋六郷内の何者をも高城氏が支配するという宮中の掟を越えた同氏の強圧的な姿勢を汲み取ることができよう。なお、船橋六郷とは、古く平安末期には高根・米ケ崎・七熊・下飯山間・金曽木・夏見の六郷ともいわれるが明確ではなく、あるいは中世においては船橋（東船橋五日市場／西船橋九日市場）・湊・夏見・金曽木（金杉）・宮本・高根の六ケ郷であろうか（応長元年〈一三一一〉十二月二十日「船橋御厨六ケ郷田数覚書写」）。

天正期に入ると、胤辰は小金領内経済の一層の発展をはかるため、とくに江戸湾に面した船橋・市河両宿・湊の繁栄を促した。船橋郷においては、高城氏の上からの権力によって新たな町立《まちだて》（町割・町切／土地を仕切って〈地割して〉新しい町を設けること）が行なわれ、その市町の秩序維持のため掟を書き上げた禁制が出されている。次に掲げる三通は、これを示す周知の文書である（『意富比神社〈船橋大神宮〉文書』）。

①高城胤辰判物写

自当年於船橋之郷、神明之御町相立候、然間両村之百姓、神主殿へ相談仕、無相違之様可執行走廻候、為其一札、仍如件、

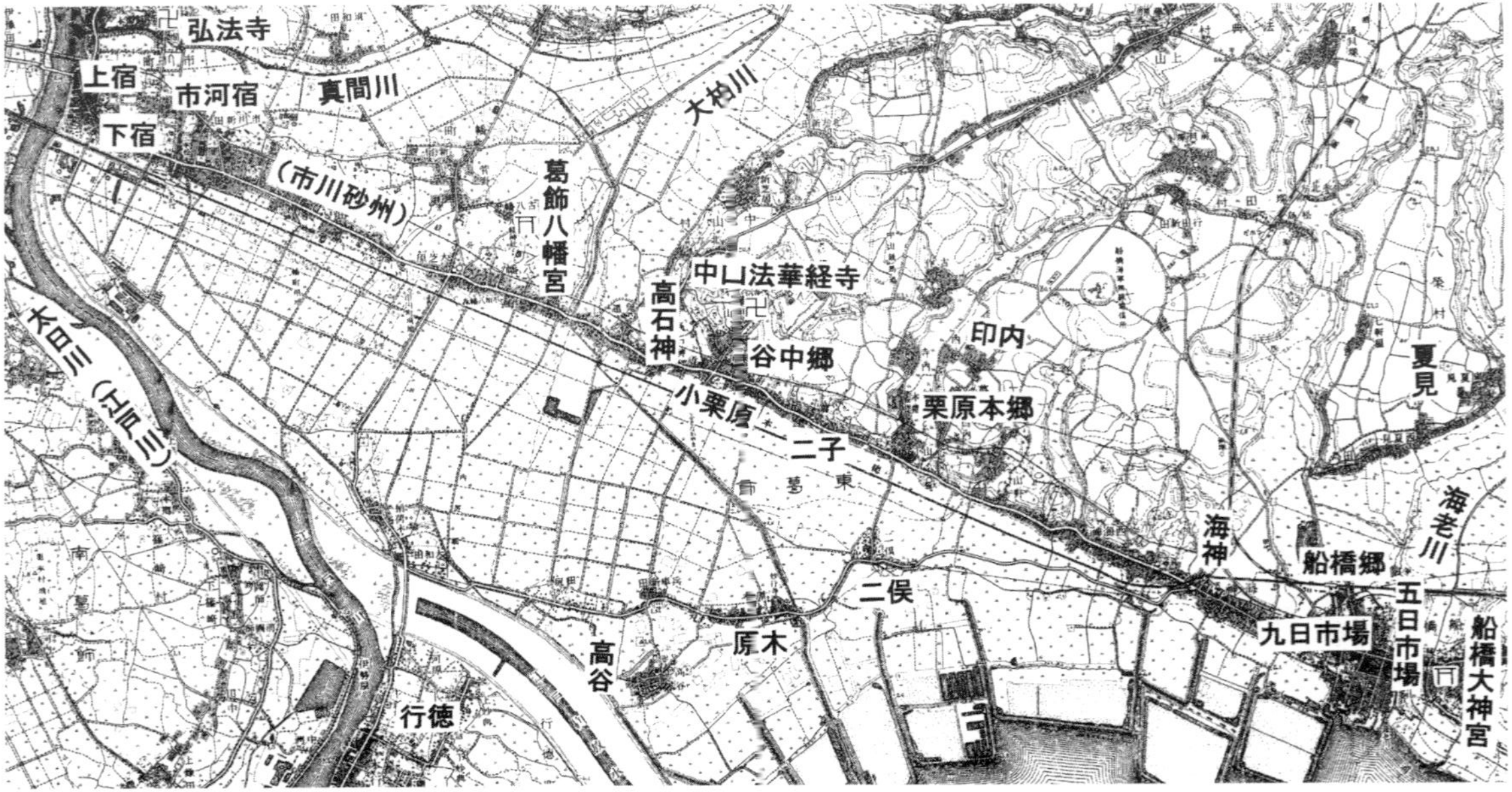

船橋郷・市河宿近傍地図

(原図・大日本帝国陸地測量部　大正６年測図二万五千分一之尺［船橋］

（一五七八）
天正六年戊寅
　九月十九日　　　　　（高城）胤辰（花押影）
富中務大輔殿
　両村百姓中

②高城胤辰禁制写

　禁制
一喧嘩口論之事
一押買狼藉之事
一国質郷質之事
一縛智（博打）双六之事
一町中諸役不入之事
右条々、堅令停止畢、若於違犯之輩者、則可処罪科者也、仍如件、
（天正六年）
戊寅九月十九日　　　（高城）胤辰（花押影）

船橋殿

③高城家印判状写

如去年之神明之御町、神主殿致談合、物（惣）毎無如在可走廻候、以上、

（天正七年カ）
八月十四日（黒印影、印文「胤吉」）

舟橋両宿

百姓中

①の文書は、胤辰が大神宮神主・富中務大輔と船橋両村（東船橋五日市場村・西船橋九日市場村）百姓中に対して、当年より船橋郷において「神明之御町」を立てるので、両村百姓は神主と相談して、相違なく町立の執行に走廻るように命じたものである。神明の御町とは、神明《しんめい》（天照大神の称）の宮、すなわち船橋天照大神宮の門前・鳥居外付近に新たに計画された市町のことと思われ、それは海老川河口左岸の新開地で、神宮の西側下から南側にかけての五日市場村内ないしは同村に隣接する地（宮本字本宿・横宿・上宿・下宿辺りか）に設定されたものと推定される。

②文書は、その成立した市町を育成保護するために、胤辰が下した同町内での掟を書き上げた禁制である。喧嘩口論はもとより、強圧を加えて無理やり買い取る押買狼藉、同国・同郷の者に貸借の債務を請求・負担させる国質・郷質、並びに博打・双六などを禁止して市町の秩序を保つとともに、町中諸役を免除して不入を認め、これらに違犯する輩があれば、直ちに罪科に処するとしたのである。宛所の船橋殿とは、大神宮神主・富中務大輔のことである。

また、③の文書は、高城氏が船橋両宿（五日市場・九日市場両村）の百姓中へ、去年（天正六年）に開設した神明の御町について、改めて神主と談合して町立を執行し、惣(郷村の自治組織)ごとに如在《じょさい》なく走廻るように命じたものである。新市町が設定されて一年を経たが、高城氏の企図した町立があまり進捗していなかったことを示しているように思われる。そこには、旧来からの市を運営する大神宮・両村百姓らと、高城氏が権力をもって上から開設し、市場法を定めた新市との間に、機能の混乱や抵抗・競合が起こっていたのではあるまいか。胤辰はこれを克服するために、前代の父胤吉の威信に頼って、改めて胤吉黒印を用いた高城家印判状を出したものとみられるのである。

ところで、船橋郷の西方、八幡庄谷中郷高石神村の台地下から西へ細長く舌状に延びる砂洲（「市川砂州」と呼ばれている）上の西端には、太日川＝市川に接して市河宿（上宿・下宿／上の津・下の津）があった。前章で触れたように、高城氏は胤忠・胤吉の時代からすでにこの市河宿（市河二日市場）へ勢力を及ぼしていたが、胤辰の代には船橋郷と同様に当宿に対しても明確に支配権を主張したのであった。

市河宿内には、北側の台地上にある真間山弘法寺の敷地として「上之散地」と呼ばれる地区があったが（『弘法寺文書』）、これは「弘法寺御門前之田畠并上之散地」とみえることから御門前田畠とは異なる別の寺地を指していることは明らかであり、同寺門前より少し離れた参道でつながる市河上宿に散在する寺地という意味であると考えられる。すなわち、上之散地は今日の市川市市川字寒室《ひえむろ》の地とみられ、同字地は安国院・玄授院・龍泉院などの弘法寺塔頭を取り囲むように一区画を形成しており、中世には渡口の布施屋や弘法寺の施設・道場があったものと推定されるのである。この上之散地を挟んで北東に市河上宿（上の津）、南に下宿（下の津）が位置していたのであった。

天正四年（一五七六）二月、高城胤辰はこの弘法寺および市河宿に対して、次のような制札を与えている（『弘法寺文書』）。

制札

右於弘法寺大法事、御執行之間、狼藉以下堅令停止畢、若此旨於違犯之輩者、可処厳科者也、仍如件、

（天正四年）丙子

二月十四日　（高城）胤辰（花押）

これは、胤辰が弘法寺において大法事が執行されるに際して、その間の狼藉以下を堅く停止したもので、違犯の輩があれば厳科に処すると公示し、保護を加えたのである。この大法事とは、二月十五日に行なわれる涅槃会《ねはんえ》（釈迦入滅の日に行なう遺徳奉賛追悼の報恩供養）の法会のことであろうか。とすれば、この制札はその前日に出されたことになる。次いで、天正九年（一五八一）九月十九日、胤辰は弘法寺宛てに次のような制札を出し、同寺が運営管理する市河宿の市場

における禁止事項を公示して違乱を停止した（『弘法寺文書』）。

制札

一、喧嘩口論之事

日蓮宗真間山弘法寺（市川市真間4丁目）。
右手の御堂は開祖日蓮聖人像および日常・日頂両上人像を安置する祖師堂、左手は弘法寺事務所の建物である。

一、押買狼籍(藉)等之事

一、盗賊悪党之事

一、博智(博奕・博打)双六等之事

一、国質郷質之事

右条々、堅令停止畢、若於違犯之族者、不撰真俗貴賤、速可処厳科者也、仍如件、

(天正九年)辛巳九月十九日　(高城)胤辰(花押)

弘法寺

これは、天正六年に船橋殿（船橋大神宮神主富氏）へ出された禁制と同様のもので、胤辰はこの市河宿に対する経済的支配権をも掌

握して、江戸湾岸地域に領主権力の浸透をはかったといえる。内容は、市河両宿・津において、喧嘩口論・押買狼藉・盗賊悪党・博打双六・国質郷質などを停止し、もし違犯の族があれば、真俗貴賤を撰ばず速やかに厳科に処するとしている。市河宿には、真俗貴賤すなわち僧侶以下様々な階層の人々が在宿し、盗賊悪党と呼ばれる者らも横行していたことが推察される。かつて康正二年（一四五六）正月十九日の市河合戦で曽谷氏以下多くの討死者を出したが、このとき市河宿において「貴賤上下牛馬等」も戦乱に巻き込まれて滅亡しており（『本土寺過去帳』）、当地に僧侶・俗人、馬借・馬方（輸送業者）・百姓ほか、様々な人々が集住していたことが窺われるのである。遡って平安時代の国分僧寺（寺域溝）出土の皿には、古代の駅名「井上《いのかみ》」（のちの市河）の文字とともに、馬・牛・荷酒・人足馬荷・游女などの字が墨書されており（市川考古博物館所蔵）、古代から砂州上の井上＝市河の地は、川市・宿として繁栄していたことがわかる。

十五世紀半ば以降、市河宿および船橋郷は、寺社門前に発達した市場・湊を中心に、町場が形成されていたのであり、小金領内の繁栄を企図した高城氏の当地域への進出は、いわば当然の成り行きであったといえ、禁制・制札の条々からも戦国末期にかけて当地の経済的な高揚を垣間見ることができよう。

二　高城氏の家臣団と小金領

史料にみえる家臣団の分布

戦国末期、下総国内の兵力は、本佐倉城の千葉氏が三千騎、臼井城の原氏が二千騎（また二千五百騎とも）、続いて小金城の高城氏が七百騎と把握されていた（『毛利家文書』北条氏人数覚書・関東八州諸城覚書）。したがって、高城氏は小金領内に七百騎に及ぶ家臣団を抱えていたことになるが、今、同氏に仕えた家臣らの名を具体的に記した分限帳の類は残されていない。高城氏は西下総に大きな勢力を保持したにもかかわらず、その家臣団の実態となると明確ではないのである。

そこで、残存する古文書等の史料から家臣を抽出するほかなく、しかもその史料の数もそれほど多くないので、高城氏の家臣団全体についてその実態を知ることは極めて難しく不可能に近いが、ここでは一部の家臣に限って居住地・所領等に関し、検証を加えることにしよう。

①高城胤辰判物　（『吉野文書』）

従前代持来田地屋敷之事、自然横合之儀、雖有之、少も不可有相違者也、

（永禄七年／一五六四）

甲子

二月十九日　　　胤辰（花押）

吉野見徒けとのへ

②高城胤辰判物写　（『武州文書』）

任望於矢切ニ

一　町山内

一　つゝみ中三田

一　かミかハら

一　はしたうち

以上四ケ所相計之候、為其一札、仍如件、

永禄九年（一五六六）

寅丙十一月十三日　　　胤辰（花押影）

鶴岡三郎左衛門尉殿

③『小田原衆所領役帳』［他国衆］

一　高城

拾貫文　　　　東郡小薗
拾七貫三百四十五文　　　飯嶋木部分
以上

④雲頂庵証文案　（『雲頂庵文書』）

証文之案文
一　地頭前諸公事以下、無沙汰申間敷事、
一　飯嶋但馬守差引、於何事茂不可相違申事、
付、年始可為前々之筋目事、
右旨趣、聊就違却申者、殿谷之田地被取放候共、不可及菟角候、仍如件、
丁丑（天正五年／一五七七）
四月十四日　　雲頂菴（円覚寺）
（宛所高城氏ヵ）

⑤高城胤辰判物　（『仏日庵文書』）
就殿之谷田地之儀、諸公事御如在有間敷儀由承候、至于此儀者、於拙者不可存別条候、仍如件、

（一五七七）
天正五年丁丑
潤七月廿六日　　胤辰（花押）
（円覚寺塔頭）
雲頂庵
　侍者中
（見返し奥書）
「高城下総守殿書状」

⑥天正五年・同六年・同十年御年頭申上衆書并写　（『喜連川文書』）
御年頭申上衆之御返祝之模様之事
一　白鳥一進上　　（胤辰）
高城下野守
為代官相馬因幡守参候、其時受領被下之候、
天正六寅歳御年頭申上衆
二月二日
一　御太刀并白鳥進上　　（胤辰）
高城下野守

被遣御書、御剣被下之候、以相馬因幡守申上候、其節受領之御祝儀申上候金襴一巻并青蚨千疋致進上候、是も御書被下之候、

午歳（天正十年）之御年頭被申上書立

（正月廿一日）

同日　御太刀并白鳥進上　　高城下野守（胤辰）

被成御書、御剣被遣之候、相馬因幡被参候、

⑦高城氏黒印状　（同）

郷中年貢諸色惣別調方之儀、五人之者相談、少も無如在可走廻候、政所之事者、順番ニ可致之候、若此内如在之者聞召及付而者、可加折檻者也、仍而如件、

（天正七年カ）
卯

九月六日（高城氏黒印／印文「胤吉」）

吉野六郎左衛門尉

洞毛大炊助

河邊二郎右衛門尉

吉野源五郎

同彦七郎

⑧高野山奥之院釣燈籠銘　（高野山霊宝館所蔵／『千葉県史料』金石文篇二・県外）

天正二年甲戌五月廿四日造之

宿坊　往生院観音院

施主　下総金　谷口摂津守為二親也

⑨高城胤辰官途状　（『金子文書』）

官途

（天正九年／一五八一）
辛巳

正月十一日　　胤辰（花押）

金子兵部少輔殿

⑩高城胤則判物　（同）

小薗之村、如前々、其方父子へ相任候、并卒于迄下人等、対其方於不足之者ハ、不可許容者也、為後日一札、仍如件、

（天正十五年）
丁亥
七月廿一日　　　　胤則（花押）
金子兵部丞殿
同与次郎殿

⑪北条家虎朱印状　（『金子英和所蔵文書』）

六束　大和竹　小曽禰
以上
右竹所望候、如印判、早々為剪之、郷中人馬を以、津端迄可相届、一里一銭被下候、無異儀様ニ可申付候、仍如件、
来月十日を切而、須賀へ出、伊東三郎兵衛・井上九右衛門ニ可渡、
（天正十五年／一五八七）
丁亥
（虎朱印）
十一月廿八日　　　　山角孫十郎（直繁）奉之
小曽禰郷
小代官
（金子兵部丞）

⑫高城胤則官途状　（『染谷勝彦家文書』）

官途之事、成之候、謹言、

（一五八三）
天正十一年癸未

八月三日　　　胤則（花押）

染谷二郎右衛門殿

⑬高城胤則判物　（『吉野文書』）

従前々其方拘来田地山屋敷、并初盃之儀、少も不可有相違候、若横合之族於有之者、速可遂披露者也、仍如件、

（一五八九）
天正十七年己丑

五月十三日　　　胤則（花押）

吉野縫殿助殿

⑭高城氏黒印状　（同）

よしのぬいのすけ（吉野縫殿助）屋しき（敷）のうち（内）のみぞ（溝）、屋しきのと（外）へまハ（回）し、藤二郎ねまり候（之）したへ、すぐに水のまハり候やうに、新みぞをあて

申、ひれかさきさかひ（鰭ケ崎境）まて、水さうい（相違）なくまハりこし候やうに、郷中だんかう（談合）申候て、いたすへく候、こかね（小金）より御けんし（検使）をさしこされへく候間、いつれもふたさ（無沙汰）なくはしりめく（走廻）り可申候、ことに新みぞあたり申候ハヾ、田ぬし（主）とかく申へく候、その儀はかさねて、よきやうに御さいきよ（裁許）あるへく候間、此たひにをいてハ、さうい（相違）なくみぞ　をあてさせ可申候、そのために一札をつかハし候、仍如件、

（一五九〇）
天正十八年かのへとら

日暮又左衛門尉奉之

二月十日（高城氏黒印／印文「胤吉」）

八木百姓中

⑮高城胤則書状　（『染谷勝彦家文書』）

以切紙申越候、然者其元□□□あさましき体聞届、身之事より苦労此事候、如何様ニも百姓成共、もとより奉公人ニ成共、候へて、妻子をはこく（育）ミ候事肝要候、誠々其元之様子浅間敷体を落涙計候、軈而一左右次第、此方へ可参候、已上、

（天正十九年／一五九一）
正月廿五日

胤則（花押）

染谷二郎右衛門尉殿
鷲谷
平川若狭守殿

①の文書は、家督を相続して間もない高城胤辰が、家臣の「吉野見徒け」へ与えた所領安堵状である。吉野氏は、坂川上流域の小金領八木（矢木）郷芝崎村（流山市南部）の在地小領主であり、当文書の宛所に最も薄礼の平仮名の「とのへ」が使われているので、土豪・地侍クラスの下級家臣であったことがわかる。「見徒け」とは童名であろうか。

②文書は、胤辰が鶴岡三郎左衛門尉の望みに任せて、永禄七年（一五六四）国府台合戦の恩賞として、矢切村において「町山の内」の地をはじめ、「つゝみ〈堤〉中三田」「かミかハら〈上川原〉」「はしたうち」の地を与えたものである。胤辰の軍勢は、国府台合戦の際に、太日川（現江戸川）の「からめき〈伽羅女木・搦木〉の瀬」（切山渡し・矢切の渡し付近か）の川辺へ出陣し、矢切の大堀外（松戸市下矢切字大堀／大坂古戦場跡の北側）に布陣したと伝えられているが（『相州兵乱記』『鴻臺後記』『国府台合戦物語』／八木原本『小金城主高城氏之由来』）、右の鶴岡氏へ与えられた所領はこの大堀・大坂の周辺に位置していたのである。

かつて寛正六年（一四六五）四月、上総国山倉城（市原市）の高城雅楽助が、中野城（村田川上流域の中野城〈市原市〉ないしは鹿島川上流域の中野城〈千葉市若葉区〉）へ出陣して、落城によりその帰途の路次にて没したが、このとき同城下の中野原において高城氏に従った上総伊北庄の「牧野小四郎智法」並びにその内者（家中）の「鶴岡妙鶴、同四郎左ヱ門妙宗」「大野妙大」

らが討死している（『本土寺過去帳』中十四日・下廿六日）。鶴岡氏は、山倉の上流、養老川・平蔵川流域の久保村（市原市）周辺の土豪・地侍であろうか。この上総鶴岡氏の一族が、その後、小金高城氏とどのような関係にあったかを知り得る史料はないが、この永禄期には胤辰に属していたものとみられる。国府台合戦に際して、鶴岡三郎左衛門尉は高城氏の矢切在陣に活躍して恩賞を約され、同陣周辺の地を所望し、永禄九年に特別の計らいをもって同所領を与えられたものと考えられる。

次いで、③④⑤文書は、高城氏が北条氏の他国衆として把握され、相模国東郡小薗（神奈川県綾瀬市小園）および同郡飯島木部分＝殿之谷田地（同横浜市栄区飯島町字殿谷《とのやと》）の所領を宛行われていたことを示すものであり、また「飯嶋但馬守」が高城氏からこの殿谷之田地の支配を任されていたことも理解できよう。飯島氏については、天文十六年（一五四七）三月二十一日付の熊野先達檀那注文（『米良文書』）に、「武蔵国いなけ郡〈稲毛庄／橘樹郡〉河崎郷住　いゝしま左京助、同次郎衛門尉」とみえるので、武蔵橘樹郡河崎郷（川崎市）の在地領主であることがわかり、小薗の支配を担った飯島但馬守はこの一族と思われる。

⑥は、古河公方足利義氏に対する年頭祝儀および返礼の模様を記した条書の内の高城氏に関する部分である。これによれば、高城下野守（胤辰）は、代官として相馬因幡守を古河公方のもとへ参上させて、祝儀の白鳥・太刀を呈し、また受領の祝儀に金襴・青扶などを進上していることから、この頃、相馬因幡守が高城氏に仕えていたことが見て取れる。しかし、天正十年（一五八二）正月二十一日には、相馬因幡守は高城下野守の代官として参上し、太刀・白鳥を進上すると

ともに、自身も子息弾正忠を伴って独自に御肴一種並びに五種を進上し、古河公方義氏に対面している。これによって、相馬因幡守・同弾正忠父子が高城氏に仕えながらも自立性を保持していたことがわかり、いわゆる客分的な存在であったか。なお、守谷城の相馬氏からは、天正六年・同八年・同九年・同十年の年頭に、相馬大蔵丞（大蔵太輔）が公方へ三種を進上し、返礼として御扇を下されている。因幡守父子は、この守谷相馬氏と同心した高城氏へ預けられ、その指揮下に置かれた者であったのかも知れない。

⑦の文書は、高城氏が八木郷中の吉野六郎左衛門尉・同源五郎・同七郎をはじめ、洞毛大炊助・河辺二郎右衛門尉の五人に対して、年貢諸色等を収納する政所の役を順番に務めるように命じたもので、もし如在《じょさい》（手抜き・なおざりにすること）の者があれば折檻《せっかん》を加えるとしている。吉野氏は、代々八木郷芝崎に屋敷を構え、田地・山等を領有してきた土豪・地侍クラスの在地小領主であったが、⑬文書にみられるように、吉野縫殿助はこの天正十七年（一五八九）に家督を継承したものと推察され、高城胤則（胤辰の子）から所領の田地・山・屋敷等を安堵されるとともに、当主（胤則）に対する年始礼式において「初盃之儀」を認められたのである。また、⑭の文書は、高城氏家臣の日暮《ひぐらし》又左衛門尉が胤則の意を奉じて、八木郷百姓中に対し、同郷内芝崎の吉野縫殿助の屋敷内の溝へ通じる外溝の整備を命じたもので、鰭《ひれ》ケ崎（流山市）の境までの新溝開削について郷中談合して行なうこと、小金より検使を派遣するので手落ちなく尽力し、奔走すること、とくに新溝開削にあたり田主の言い分があれば良きように裁許致すので、相違なく溝の開削に従事するように一札をもって指示している。このように、吉野氏は年頭初盃の儀を許され、

且つ屋敷周辺の溝整備に高城氏黒印状が出されるなど、その処遇に変化が窺われることから、天正末期には中級クラスの家臣となっていたことが推察される。

⑦文書にみえる洞毛大炊助・河辺二郎右衛門尉も、同様に八木郷内の土豪・地侍であるが、その素性や詳細については史料等がなく知ることができない。とくに洞毛氏については不明としか云わざるを得ない。ただ河辺氏の本貫地については、八木郷の西方、高城氏が支配を及ぼした下河辺庄内（二郷半領）の河辺村（河辺彦倉村・河辺穂村・河辺吉川村・河辺彦沢村・河辺二丁面・河辺彦江／埼玉県三郷市・吉川市）であると推察される。『本土寺過去帳』にも、河辺（川辺・カハヘ）に関する多くの記事がみえる。

⑧文書は、下総金《こがね》（小金）の谷口摂津守が二親の供養のため、天正二年（一五七四）五月に釣燈籠（鉄製）を鋳造し、これを高野山へ寄進したもので、その火袋柱の刻銘文である。『本土寺過去帳』には、谷口（矢口）氏について、「日圓　谷口摂津守殿上ノ父　天正十六戊子〈一五八八〉七月　フナバシニテ」（上二日）・「矢口玄蕃　河辻ニテ十月被打」（中十二日）・「矢口盛印」（下晦日）といった記事がみえる。高城胤辰・胤則の時代の天正期、小金に居住した谷口摂津守がおり、その上ノ父（妻の父／義父）の日円が天正十六年七月二日に船橋で没したことがわかる。また、矢口玄蕃は、永正・大永期頃の十月十二日、下河辺庄内赤岩郷の「河辻」（埼玉県松伏町辻か）で討死したとみられる。

『小金城主高城家之由来』には、明応・永正期の高城氏家臣として、わずかに「匝瑳・矢口・花島・鈴木・伊東以下」の記事がみえるのみで、これ以外に同記録に矢口（谷口）氏の記載はないが、同氏は関宿簗田氏の支配領域と境を接する高城氏の支配地・小金領の北西端に位置した深井（流山市）の在地領主であったと考えられる。十五世紀後半から十六世紀の前期にかけて、深井・野田の地では高城民部少輔以下若衆石井氏・庄田氏や深井ノ二郎太郎らが討死しており、さらに戦国末期には高城氏の重臣（一族とも）安蒜伊予守が深井城主になったと伝えているが（『本土寺過去帳』『高城家之由来』）、谷口（矢口）氏はこの深井城の高城氏に早くから属していたものと推定される。今日でも、流山市西深井・東深井地区には、矢口・安蒜・石井姓の旧家が多く点在しており、古く当地との関わりをうかがわせよう。そして、小金城下に居住して高野山へ釣燈籠を寄進した谷口摂津守は、この深井に拠った谷口（矢口）氏の一族であることは間違いない。

⑨の文書は、天正九年（一五八一）正月、高城胤辰が金子兵部少輔へ与えた官途状である。また⑩文書は、天正十五年（一五八七）七月、高城胤則が相模国東郡小薗村の所領支配を、金子兵部丞・同与次郎父子に任せたものであるが、ここに「如前々、其方父子へ相任候」とあるので、永禄二年（一五五九）役帳記載の時分から金子氏が代々支配を任されていたものと思われる。⑪の文書は、北条氏が相模小曽禰郷（小薗村）の小代官に対して、大和竹六束の納入を命じたもので、竹を郷中人馬をもって相模川の津端・須賀（神奈川県平塚市）まで運び届け、伊東三郎兵衛・井上九右衛門に渡すように指示している。この小曽禰郷小代官とは、金子兵部丞のことであり、小田原北条氏より直接竹の切り出しを命じられたのである。それは、金子氏が北条氏直轄地の相模西郡金子郷（足柄上郡大井町）の出身であったためではなかろうか。あるいは、高城氏と金子

氏は、寄親・寄子のような契約関係にあったのかも知れない。なお、同郷の年貢は、小田原衆の寄子給に充てられていたのであった（『小田原衆所領役帳』）。

金子兵部少輔・同兵部丞・同与次郎らは、北条氏の命により寄子として、寄親の高城氏に預け置かれてこれに属したと考えられるが、といって金子氏は高城氏の被官となったわけではなく、一方ではなお北条氏の家臣としての性格をもっていたといえよう。北条氏が直接小薗の小代官・金子兵部丞に対して竹の納入を命じたのもこのためであった。同じく相模国東郡飯島木部分（殿之谷田地）の支配を委ねられていた飯島但馬守も、やはり同様の存在であったものと思われる。すなわち、高城氏に与えられた相模国東郡小薗・同飯島木部分（殿之谷田地）の知行地は、北条氏の命により金子・飯島両氏がその支配を任され、そのうえで両氏は高城氏に属して軍事力を担い、活動したものと推察されるのである。

⑫文書は、高城胤則が父胤辰の病没（天正十年十二月十六日没）に伴って家督を相続した直後、天正十一年（一五八三）八月三日に発給した家臣・染谷二郎右衛門尉に対する官途状である。胤則は、同日付で本土寺へ「少も不可存無沙汰候、猶於御寺内、無狼藉横合様可申付候、於何事も毛頭不可有異儀候」ことを約した安堵の一札を与えている（『本土寺文書』）。染谷二郎右衛門尉については、⑮文書によって南相馬郡鷲谷《わしのや》（柏市鷲野谷）の領主であることがわかる。染谷氏は鷲野谷城の城主であったと伝える。

また、同文書にみえる平川若狭守は、香取社造替の料足（費用）負担者および所領を列記した応永十七年（一四一〇）八月十日付の香取社造営料足内納帳写（『香取大禰宜家文書』）に記載される千葉氏家臣の「平河新兵衛入道・同左衛門四郎・同新左衛門・同中務」らの一族子孫と推定される。この平河一族は下総国内の篠塚・高篠（高品）・森・にしなの・北方（佐倉市／千葉市／市川市）などに所領を有した。戦国期には、増尾城（柏市）の城主・平川若狭守の所伝があり、また高城氏の家臣として、永禄期に「士大将平川若狭守」が登場するが（『高城家之由来』）、いずれも明確ではない。

天正十八年（一五九〇）五月、小金城が浅野長吉・木村常陸介らの軍勢に攻囲されて一戦もせずに陥落すると、籠城していた平川若狭守は、染谷二郎右衛門を頼って鷲谷へ退いたが、この両人は旧主君の高城胤則へ書状を出して窮状を訴え、翌天正十九年正月二十五日付で胤則からの返書（⑮文書）を受け取ったのである。その後、平川・染谷両人は他家へ再仕官することもなく鷲谷の地で没したという。

最後に、⑭文書の日暮又左衛門尉について検証しよう。天正十八年二月、同人は小田原籠城中の高城胤則の意を受ける形で、奉者として八木郷百姓中へ黒印状を発給しているので、元来主君に近侍していたことが理解できる。『本土寺過去帳』によると、小金城に籠城した日暮又左衛門尉は、天正十八年五月に同城が明け渡された直後の八月六日に死去したのであった（法名蓮祐霊）。日暮氏は、国分川最上流域の日暮村（松戸市）を本貫（名字の地）とする高城氏の早くからの家臣であり、戦国末期には小金に居住して高城氏に仕え、奉者・奉行人を務め、あるいは士大将《さむらい》・郡令（兵粮郡令）であったとも伝える。

その他の家臣層

それでは、続いて前記の古文書以外に、史料・記録等にみえる高城氏家臣についてみてみよう。近世初期の高城氏関係文書や由来書類（八木原本『小金城主高城家之由来』／房総叢書『高城家由来書』／『高城系図』等）の内から、信憑性に難があるも推考して概《おおむ》ね信じ得るに足ると思われる家臣らを抽出してみたい。

天正十八年（一五九〇）の小田原合戦後、高城胤則は奥州会津の蒲生氏郷に預けられ、その後、慶長八年（一六〇三）八月、徳川家康に仕官を願い出るために京都伏見へ赴いたが、病に罹り同月十七日に伏見の地で没したのであった（享年三十三）。胤則の子息胤重（幼名辰千代／政次・胤次とも）は、慶長六年（一六〇一）に父胤則隠遁《いんとん》先の信濃国で生まれ、同十八年（一六一三）に十三歳で元服して政次と名乗ったが、この年の七月には「高城辰千代政次」の名をもって、吉野縫殿助・吉野伊豆守へ官途状・受領状を与えている（『吉野文書』）。元和二年（一六一六）になり、政次は幕臣旗本に取り立てられ、名を胤次と改め、寛永元年（一六二四）十月十七日、吉田四郎左衛門に対して官途状を出し、次いで同十年（一六三三）頃から名を「清右衛門尉胤重」と改めて、慶安二年（一六四九）十月八日付で吉野庄五郎へ「任縫殿介」の官途状を与えている（『吉田文書』『吉野文書』）。

これらによって、吉野氏が胤則の子胤重の代まで高城氏と主従関係を維持していたことが知れる。また、吉田四郎左衛門尉は、その父（四郎左衛門尉／法名淨蓮）が元和七年（一六二一）五月十二日に五十九歳で没しており（『本土寺過去帳』）、その三年後の寛永元年に胤次から右のように亡父と同じ官途書出《かきだし》を授かったのである。この吉田氏の祖先は、永正十四年（一五一七）に小弓城を逐電して、西下総へ入部した高城下野守（胤忠）が小金栗ケ沢に布陣した時に、馳せ参じた諸士の内にみえる吉田氏に遡るといえようか。由来書類は、高城胤吉・胤辰の時代に吉田六郎右衛門、胤則の代に吉田四郎左衛門の名を記している。さらに、『本土寺過去帳』には、天文十二年（一五四三）十一月二十六日に没した小金の「吉田雅楽助　中山門流」（法名道高善門）の名がみえる。

寛永五年（一六二八）十二月五日、高城主膳なる人物が、「成嶋大膳」に対して与えた「受領之事」と記した書付がある（『成島文書』我孫子市史資料古代中世篇）。しかし、同文書には受領名が書かれていないので、この点疑義があり、また戦国期の成島氏の存在に関しても、由来書等や過去帳のなかに記載がない。なお、成島姓の旧家は、今、柏市布施（相馬郡布施郷）の地に多数分布している。このほか、慶安年間と推定される九月十八日付の高城清右衛門胤重書状の宛所に、藤谷修理・安蒜五右衛門・新居郷左衛門・染屋（染谷）久兵衛・阿部但馬守の名がある（『八木原文書』）。このうち、安蒜・染屋両氏は戦国期に高城氏の家臣であった者らの子孫といえ、同じく藤谷氏も由来書等にその名がみえるので、古くからの高城氏の家臣であったろう。藤谷氏の出自は、応永二年（一三九五）に相馬氏の所領であった南相馬郡藤ケ谷村（柏市）を本貫とする在地小領主であったと考えられる（『相馬文書』）。また、新居（新井）氏は、高城下野守胤忠の時代に従属したとみられ、胤吉・胤辰・胤則の家臣にも新井郷左衛門の名があるが、阿部氏に関しては戦国期高城氏関係の記録等にその名はみられない。

以上のほかに、高城氏の家臣として、その実在がほぼ間違いないと思われるのは、戸部(戸辺)氏・斎藤氏・大熊氏・湯浅氏・加藤氏・田島氏・匝瑳氏・鈴木氏といったところであろう。

まず戸部（戸辺）氏については、過去帳に永正九年（一五一二）八月三十日に死去した戸部三郎左衛門の母（妙春尼）、同十四年（一五一七）閏十月十七日に馬橋で討死した戸部三郎左衛門、天文十二年壬寅（一五四三／天文十一年か）十二月十一日に没した戸部殿息女当信などの記事がみえ、前期高城氏（我孫子・小金城高城和泉守）および胤忠・胤吉の時代から高城氏の家臣であったことが窺われる。由来書にも後期小金高城氏（下野守胤忠）草創の時に、馳せ参じた戸辺（戸部）氏をはじめ、胤辰・胤則の家臣にも戸辺靫負《ゆげい》の名がある。

斎藤氏は、やはり後期小金高城氏草創の時に馳せ参じた諸士中に名を列ね、次いで胤辰の家臣に斎藤大隅がみえ、さらに胤則の家老として斎藤某・斎藤外記が伝えられる（由来書類・高城系図／高城氏史料小金大谷口城之木形絵図裏書〈小金城主高城氏の研究〉）。胤則家老の斎藤外記は、小金城の南方七〇〇㍍余のところに位置する幸谷城（松戸市）の城主であったという。『本土寺過去帳』には、「妙道　小弓斎藤」「経順位　長勝寺父　小西山口斎藤右衛門　天文十六丁未〈一五四七〉四月」（下廿四日・廿六日）などの記事があるので、斎藤氏は元来が小弓・小西原氏に属していたことが知れる。あるいは原氏の一族か。『千学集抜粋』（国立公文書館所蔵本）にも、原式部大夫胤清の一門家風として、高城氏とともに斎藤氏や大熊氏・加藤氏らが名を列ねており、また胤清の諱一字を拝領したとみられる斎藤源太左衛門尉清家が、天文十九年（一五五〇）十一月の千葉妙見宮の遷宮儀式において原・牛尾氏に従って活動している。このほか、天正三年（一五七五）十一月十五日、千葉庄野呂（千葉市若葉区）の妙興寺へ屋敷地として「野呂之はか山之事」を寄進し、同四年（一五七六）九月に上総国市原庄八幡郷（市原市）の八幡宮造営勧進に関わった斎藤善七郎胤次がいた（『妙興寺文書』『榊原ヨシ家蔵文書』『飯香岡八幡宮由緒本記』）。

この原氏家臣・斎藤氏の一族が、原氏の小金・馬橋方面への進出に伴って、小金に近い幸谷村に入部して在地支配にあたったとみられるが、やがて当地域において原氏と関係が深かった高城氏が勢力を伸張すると、これに属したと推察されよう。

永禄期には、高城胤辰の家臣に、大熊仁右衛門・湯浅庄九郎・田島刑部少輔（時定）・士大将匝瑳牛五郎・匝瑳内膳・鈴木主水らがおり、また胤則の家臣に加藤淡路守・小宮土佐守らの名が由来書・系図等にみえる。大熊仁右衛門と加藤淡路守は、小弓の原式部大夫胤清の一門家風としてみえる大熊氏・加藤氏の一族であろう。大熊氏は、上総国畔蒜庄（袖ケ浦市・木更津市・君津市）を領有した佐々木氏の一族・大熊遠江守氏貞の子近江守貞家が、応永の乱（犬懸上杉禅秀の乱〈一四一六〉・上総本一揆〈一四一八〜九〉）の論功より犬懸上杉氏の守護領国であった上総国内へ入部し、佐々木氏ゆかりの地に居したとみられる（『佐々木文書』／『千葉県史料』金石文篇二県外「応永二十三年長林寺梵鐘銘」／『佐々木系図』）。そして、大熊氏は上総国内へ勢力を及ぼした小弓城原氏に仕え、その一族が永正十四年（一五一七）以前に原氏の家老高城越前守や上総山倉城の高城氏と関係をもったのではなかろうか。さらに、加藤氏については、同国滝《たきの》口《ぐち》村（袖ケ浦市滝ノ口）の「滝口之大明神」（小高神社）に所蔵される天文十七年（一五四八）二月吉日付の彩色板仏（四点）の銘に、「旦那賀藤九郎兵衛」の名があり、当地の賀藤（加藤）氏がやはり小弓原氏の一門家風となって、その一族が高城氏の家臣へと転身したものと思われる。賀藤（加藤）氏は、上総天羽郡加藤（富津市）を本貫地とする在地領主・地侍であるが、一族の者が小櫃川流域の滝口付近に拠っていたのである。

また湯浅氏も、同じく上総国養老川上流域の在地領主で、佐是郡河田郷坂中薬師堂（市原市外部田）の永禄七年（一五六四）十二月八日付鰐口銘に、「旦那湯浅三郎左衛門」の名がある（『千葉県史料』金石文篇一）。湯浅氏は、古くからこの河田郷内に拠っていたと考えられ、大熊・加藤両氏と同様に小弓原氏の家老高城氏や山倉高城氏と結び、永正十四年以降に西下総へ転出して小金高城氏に仕えたのではなかろうか。過去帳には、天正三年（乙亥／一五七五）十月二十五日に没した湯浅日向（法名道見）、年未詳正月十一日没の湯浅道泉、慶長九年（一六〇四）九月二十一日に死去した湯浅大学（法名道秋）などの名を載せる。

なお、『千葉大系図』によると、下総国匝瑳郡（匝瑳市・旭市・横芝光町）を領有した匝瑳八郎常広（千葉常重弟）の子宗光は、安元年中（一一七五～七）に紀伊国湯浅庄司平宗重（重国とも）の養子となり、湯浅兵衛尉を名乗ったとある。治承四年（一一八〇）九月、源頼朝が挙兵後に房総へ上陸すると、当地の上総権介広常は、これに応じて上総国府にいた平氏方の上総介藤原忠清（在京）の目代・平重国（重盛の家人）を討ち取った（『高山寺明恵上人行状』大日本史料所収）。その養子湯浅（匝瑳）宗光は、承元四年（一二一〇）に将軍源実朝から紀州瀬川庄の地頭職に補せられ、長子宗行が紀州湯浅氏を継承し、次子宗景が父宗光の領した下総国匝瑳郡南庄熊野領の地頭職を受け継ぎ、匝瑳党に列して千葉氏に仕えたといい、これが「下総湯浅也」と伝えている（『千葉大系図』）。先記の上総国の湯浅氏も、あるいは上総国目代平重国の養子・湯浅宗光の子孫であるのかも知れない。

　田島氏は、高城胤忠・胤吉・胤辰・胤則四代にわたってその家臣であったようで、過去帳には前期高城氏（馬橋高城安芸道友入道・我孫子高城周防守）の時代に、延徳五年（明応二年／一四九三）九月十三日に没した田嶋左京亮がみえ、次いで永正十八年（一五二一）三月二十七日、名都狩（流山市名都借）で討死した田嶋図書助・鈴木太郎右衛門・畔蒜彦五郎がおり、その後、天正十三年乙酉（一五八五）正月十四日没の田嶋刑部の内方（妻／梅香貞春）、同十九年（一五九一）五月二十二日に没した田嶋芳雲斎（法名祥誉）らがいる。

　匝瑳氏は、下総国匝瑳郡を領した千葉常重の弟・匝瑳八郎常広を祖とする一族であり、飯高氏以下一族は匝瑳党を号したという（『千葉大系図』）。香取神領をめぐる貞治・応安の相論では、千葉満胤の直臣として匝瑳弾正左衛門尉氏泰が下地打渡の使節を務めて活動しており（『旧大禰宜家文書』）、やがて匝瑳氏の一族が西下総の大堀川流域の高田（柏市）へ進出した。応永十七年（一四一〇）八月十日付の香取社造営料足内納帳写（『香取大禰宜家文書』）に、「一　匝瑳次郎左衛門殿分　高田田数六丁　分銭壱貫五百文内七百五拾文納　戊寅年〈応永五年／一三九八〉分」とみられ、応永期には匝瑳氏が高田に所領を有していたことがわかる。さらに、『本土寺過去帳』には、康正二年（一四五六）正月の市河合戦で討死した匝瑳新兵衛（妙新）・同帯刀（妙刀）・同二郎左衛門（妙衛）らをはじめ、文明期以降に匝瑳将監（妙秀入道）・匝瑳隼人佑（道胤入道）・匝瑳勘解由（法名妙勘）・匝瑳道高禅門・匝瑳将監入道（蓮頂位）・匝瑳将監母儀（妙順位）・匝瑳大隅守といった名があるが、大永七年（一五二七）四月の匝瑳肥前守悲母（理清尼）の記事を最後に、同氏は過去帳にその記載がみられなくなるのである（上二日・三日・十日・中十二日・十七日・十八日・十九日・下廿三日・廿六日）。

高田城の匝瑳氏は、この大永期以後、小田原北条氏に属して江戸衆に組み入れられ、古利根川筋の戸ケ崎（埼玉県三郷市）へ本拠を移したのであった（『小田原衆所領役帳』『戸ケ崎香取神社所蔵天正十年鰐口銘』）。高城氏家臣としてみえる匝瑳氏は、この一族であろう。匝瑳氏が高田城から戸ケ崎へ本拠を移した後も、なお高田の地に留まった一族がいたとみられ、当地へ勢力を及ぼした小金高城氏の支配下に属して、その家臣となったものと考えられる。

鈴木氏は、過去帳にも多くの記載があり、殊に永正十年（一五一三）八月十四日に没した小金の鈴木修理母儀（妙信善尼）や、同十八年（一五二一）三月二十七日に小金城の北東、名都狩で討死した鈴木太郎右衛門、同年六月二十一日に安房里見義通の軍勢と戦って小金行人台城（高城氏の持城・根木内城の出城〈支城〉／松戸市）にて討死した鈴木帯刀らがおり、同氏が高城氏の家臣であったことは間違いないと思われる。鈴木氏は小金領内ほか各地に繁衍していたようで、千葉氏・原氏の家臣として佐倉や弥富（坂戸）などにも拠っていたのである。

小金領の領域と支城網

ここでは、高城氏の支配領域である「小金領」の範囲について検討したい。小金領の領域は、今日の東葛飾郡市の大半を占めていたと考えられるが、以下、具体的に東西南北の境界を画定してみよう。先ず南域は、船橋大神宮（意富比神社）がある船橋郷から栗原郷（二子・小栗原村）、八幡庄谷中郷中山法華経寺、葛飾八幡宮、同庄内真間弘法寺・市河宿にかけての江戸湾岸地域に及んでいたことは、ほぼ間違いないところであるが、問題は市河・小栗原地先の行徳の地を果たして高城氏が支配したかという点である。

次の文書は、本佐倉城主千葉邦胤の後見役・原豊前守胤長が、高野山御庵室御坊中（蓮花三昧院）に対して、宿坊の事などを約した書状（判物写）である（『内藤泰夫氏所蔵文書』）。

於高野寺千葉代々御庵室御由緒事者、中比胤直相応寺殿、正長年中ニ御山御参詣以後、殊以被申合者也、為曩祖普代之位牌所上者、至末孫永不可有相違也、但於当国中、以先例御宿坊守来諸庄之分、少々従　屋形被申出之通者、
佐倉内外惣庄、埴生庄諸郷、印西庄内外十六郷、
印東庄諸郷、介崎領内諸郷 但自大須賀介崎殿被申合者也、
千葉庄諸郷、臼井庄諸郷 但自臼井殿被申合来也、近代原殿下知之領内無相違、

船橋郷所属等、吉橋郷所属等、栗原六ケ郷、行徳分諸郷、
已上両所内、栗原者従臼井高木家ニ被付旨雖有之、猶不違旧例也、行徳庄者当国天文年中以来新起之地也、但依為臼井領、最前自原式部大夫、原越前守ニ被申付永代御由緒也、鳴戸領諸郷、篠本郷、九十九里諸郷、已上此外於当国表、自往古不守別宿坊之地、悉被申付之旨、平邦胤御判形、以先例如上、仍為後日被申出分注進、

天正五年（一五七七）三月十六日　千葉介（邦胤）後見

下総国　原（胤長）豊前守（花押影）

高野山御庵室

御坊中

これによれば、千葉胤直が正長年中（一四二八～九）に高野山へ参詣して以来、蓮花三昧院を代々の位牌所としたことは末代まで相違ない旨を告げ、また当国中の者が高野山へ参る時は同院を必ず宿坊に使用することを約すとともに、同院の檀那場である千葉氏の支配領国として、佐倉内外惣庄（佐倉市）・埴生庄（成田市）・印西庄（印西市）・印東庄（佐倉市）・介崎領（成田市助崎）・千葉庄（千葉市）・臼井庄（佐倉市）・船橋郷（船橋市）・吉橋郷（八千代市）・栗原郷（船橋市）・行徳分（市川市）・鳴戸領（山武市）・篠本郷（横芝光町）・九十九里の諸郷

が書き上げられている。

これらの内で、介崎領内諸郷は助崎大須賀氏、臼井庄諸郷は臼井原氏が支配しており、また栗原六ケ郷・行徳分諸郷の両所のうち、栗原は臼井原氏より高城氏へ付与されてその支配下に置かれたとある。ただし、宿坊に関しては、支配者が変わっても旧例の通り蓮花三昧院を使う旨を約している。さらに、行徳領については、当国において天文年中（一五三二〜五五）以来の新起の地であるが、臼井領内に含まれるので、最前に原式部大夫よりその支配を原越前守へ申し付けた永代御由緒の地であるとしている。太日川（江戸川）下流の沖積低地に形成された行徳庄が、天文年中に新起の地として掌握され、年貢徴収の対象地となっていたことが推察されよう。当地の支配は、臼井原氏が握っていたというのであるが、これ以後、天正末期まで原氏の支配が維持され続けたとは地理的にみても考えにくい。栗原郷や船橋郷と同様に、おそらく当地域で権力を行使した高城氏の支配領域内に包摂されていったものと思われる。

八木原本『小金城主高城家之由来』は、永禄七年（一五六四）国府台合戦の後、高城胤辰が「今度北条家之大利、偏に高城故也」として恩賞を給わったなかに行徳の地が含まれていたことを伝えている。また、慶安年間（一六四八〜五二）成立と推定されている旧高城氏支配領域内の村々を記した『高城古下野守胤忠知行高附帳』（高城文書）には、内容に誇張が窺えるのでそのまま鵜呑みにはできないが、高城氏支配の行徳領分として、「行徳七はま〈浜〉之内」「行徳村、おつ〈押〉切村、かけまゝ〈欠真間〉村、とうたい〈当代〉嶋村、新井村、根子さね〈猫実〉村、堀口村、いせ〈伊勢〉宿村、大和田村、かはら〈河原〉村、とうがんき〈稲荷木〉村、妙典村、田尻村、かうや〈高谷〉村、ばらき〈原木〉村」が列記されている。しかし、これらは近世の行徳領村々であり、戦国期に右の村々がすべて成立していたとは到底思えないのである。天文年中以来新起の地という行徳領は、せいぜい前者の「行徳七浜之内」といったところであろう。それは、応安期の『旧大禰宜家文書』にみえる香取社の行徳関が設けられていたと推定される今日の香取一丁目（香取神社周辺）から湊・関ケ島・本行徳・妙典にかけてが、当地の寺社の起源等からみても、天文年中以来新起の地という行徳領であったと推定される。

この江戸湾岸地域の高城氏の拠点は、船橋郷に近い高根城（船橋市高根町字城高山）であったとみられ、その城主として小金高城氏一族の高城右京亮信義・高城山城守などの名が伝えられている。また、栗原郷内の小栗原城（城ノ台城／同市本中山字城ノ庭）や市河の館(弘法寺地内か)なども、高城氏の在地支配の拠点として機能したかも知れない。

次に、小金領の北域については、関宿城主簗田氏の支配領域と境を接する深井城（流山市西深井字西御門・清辺《しべ》・古谷ほか）から、常陸川（現利根川）沿岸の青田・大室城・花野井・松ケ崎城（以上柏市）にかけての地が北端であったとみられる。『高城古下野守胤忠知行高附帳』にも、高城氏の領分として青田村・大室村・花野井村を載せており、このうち青田（柏市大青田・小青田）の地には、十五世紀半ば頃に染谷氏の一族が拠っていたのであった（『本土寺過去帳』下廿五日）。また、大室城（大室字城之腰・張間内・根崎）は、南東に位置する相馬氏の持城・布施城（柏市布施字古谷・根古谷）に対峙していたのである。すでに触れたように、古河公方足利義氏への年頭祝儀において相馬一族の相馬因幡守は、高城胤辰の代官を務めているので、支配領域

久寺家
常陸川（利根川）
我孫子
柴崎
中峠
鷲野谷
箕輪
泉
手賀
布佐
布川
金山
名内
藤ケ谷
佐津間
粟野
小室
小野田
真木野
神保
楠ケ山
島田
平戸
吉橋
金杉
坪井
萱田
臼井
高根
酒山
飯山満
二宮
船橋大神宮
（佐倉領）
（臼井領）
取手市
柏市
白井市
印西市
八千代市
船橋市
習志野市
四街道市
北相馬郡
利根町

太日川（江戸川）
下河辺庄（二郷半領）
古利根川
深井
青田
大室
布施
花輪
高田
松ヶ崎
鰭ヶ崎
広徳寺
本土寺
名都借
戸張
彦名
柏市
小金
根木内
増尾
番匠免
東漸寺
栗ヶ沢
三郷市
八潮市
馬橋
万満寺
戸ヶ崎
（小金領）
松戸
松戸市
鎌ヶ谷市
金町
矢切
国府台
大野
国分寺
堀切
葛西
曲金
弘法寺
市川市
市川
葛飾八幡宮
中山法華経寺
夏見
中川
篠崎
高谷
船橋郷
本行徳
妙典
湊
押切
船橋市
長島
浦安市
習志野市

を接する高城氏の影響を相馬氏は強く受けていたことが察せられる。

松ケ崎城（松ケ崎字腰巻・竹ノ台・本郷）は、高田城の匝瑳氏の持城であったと推定され、同氏が本拠地を戸ケ崎へ移した後、高城氏の支配領域・小金領に組み入れられたといえよう。同城は小室城と同様に、北方に位置する相馬氏の布施城と対峙したのであった。過去帳には、「妙勢位　松崎二郎左衛門　永正十六〈一五一九〉四月」（中十六日）・「日燿　松崎常寂院　日舜注之」（上朔日）・「妙證尼　マツカサキ六位母　十二月」（中十五日）などの記事がみえるが、松ケ崎城に拠ったのが誰であったのかは不明である。また、深井城には、永正・大永期頃に高城民部少輔が在城していたと考えられるが（『本土寺過去帳』）、戦国末期には高城氏家臣・安蒜伊予守・同弟豊前守（備前守とも）の兄弟が相次いで同城主になったと伝えている（由来書等）。

小金領の東の境は、原氏の臼井領との境界である。船橋郷の北東、坪井川（坪井谷津）・駒込川上流域の酒山・坪井付近（城砦跡の伝承あり／船橋市習志野台・坪井町）から、吉橋・楠《くす》ケ山を経て、二重川流域にかけてが小金領の東域であろう。印旛沼へつながる二重川・神崎川・桑納《かんのう》川流域の島田・真木野・平戸・古牟呂〈小室〉・神保・萱田《かやだ》・吉橋（八千代市／船橋市）などの郷村は、鎌倉期以来、鹿島川流域の臼井庄を領有した臼井氏が支配してきた地域であったが、戦国期に臼井城を奪取した原氏がこれら臼井氏の所領や家臣団（臼井衆）を組み入れ、自らの支配下に編入したのである（『中山法華経寺文書』『千葉臼井家譜』『旧大禰宜家文書』）。このように、吉橋郷（八千代市）およびその北西側の神保郷（船橋市）は、臼井原氏の支配領域内とされてきたが、一方では楠ケ山城（同楠が山町）を築いたという吉橋城（吉橋字花輪）主・高木伊勢守の伝承があり、この混在した情況から当地域一帯が臼井領・小金領の境界であったことを推測させる。そして、臼井原氏の支配下にあった小室（古牟呂）村の南方には、神崎川・鈴身川を見下ろす台地上に、原氏の臼井領西端の城・小野田《このだ》城（船橋市小野田《このだ》字台）があった（参考『東葛の中世城郭』）。

また、手賀沼へ流入する金山落し西岸の台地上に点在する南相馬郡内の藤ケ谷中上城（柏市藤ケ谷字中上）、藤ケ谷城（同字城ノ堀・馬場）、金山寺山城（同金山字根古）、泉城（同泉字立ノ台）、泉妙見山城（同字中城・馬場・玄場等）、柳戸《やなと》砦（同柳戸字向台）などの城砦は、鎌倉期以来、相馬氏が領有してきた藤谷村・金山村・泉村・上柳戸村内に占地しており、相馬氏の在地支配の衰退に伴って、戦国期には高城氏が当地域を支配下に置いたと考えられる。

さらに、手賀沼と染井入落しに挟まれた手賀台地の東端には、高城氏の属城・鷲野谷城（同鷲野谷字城山・稲荷峠《とかびょう》・篠山）があった。鷲谷《わしのや》村は、十四世紀末にはなお相馬氏の所領であったが（『相馬文書』）、延徳五年（明応二年／一四九三）に佐倉領内飯野・小金領名都狩の千葉氏家臣飯野（飯野尾）左衛門太郎が、明応八年（一四九九）に小西原氏の家臣高中《たかちゅう》氏が、それぞれ当地で没しており（『本土寺過去帳』中十三日・上八日）、千葉氏・原氏との関係も推定されるが、戦国期になると高城氏の支配が及んだのであろう。天正十八年（一五九〇）小金城が落城した後、高城氏家臣の染谷二郎右衛門尉と平川若狭守の二人が鷲谷へ引き退いたことは、先にみた通りである。過去帳には、このほか天正十八年正月、高城氏の家臣・畔蒜（安蒜）右京亮舎兄（法名法圓）が鷲谷において没した（下廿一日）という記載があり、これらによって当地が高城氏の支配下にあったことがわかる。そして、小金領の東域と北域の結節点に、高城氏の久寺家・我孫子両城（我孫子市久寺家字下居村附／我孫子字並木・城山）があった。当地は、十五世紀後半、高城周防入道・同彦四郎・同和泉守らが拠っていた我孫子高城氏の拠点であったが、戦国末期には高城一族・阿（我）孫子丹後守（但馬守とも）が我孫子城主であったと伝える。両城の東には、古河公方足利氏の家臣・河村氏の柴崎・中峠両城（同柴崎字城根／同中峠字外谷津台・根古屋・海老宿）があり、北西には守谷相馬氏の属城・布施城に相対していたのであった。

小金領の西側境については、『高城古下野守胤忠知行高附帳』のなかに、小金領惣百姓が高城清右衛門御用人中へ宛てた文書が記載されており、そこに「河辺二郷半、不残玄せう様〈玄酬／高城胤辰〉迄小金領ニ御座候、代官高城山城仕候、其以後岩付領罷加候」とみえ、二郷半領は胤辰（天正十年没）の代まで小金領に含まれ、代官高城山城守が支配したが、その後（天正十年以降）は岩付領に属したというのである。また、笠井（葛西）之内村付として、「志のざき村〈東京都江戸川区篠崎町〉、こまつ河村〈同小松川〉、にのへ村〈同一之江町〉、長嶋村〈同長島町〉、堀切村〈葛飾区〉、立石村〈同〉、亀戸村〈江東区〉、うし嶋村〈墨田区本所〉」を書き上げているが、これらが高城氏の支配地・所領であったという確かな徴証はない。

二郷（合）半領は、太日川（江戸川）の西側、下総台地西下の沖積低地に広がる現埼玉県吉川市・三郷市域の古利根川左岸一帯（南北に二郷半用水路が流れている）の地とみられ、高城氏が当地域へ進出した形跡は、何通かの古文書の端々から窺い知ることができる。この二郷半領の北に接する下河辺庄吉川郷（宿）では、元亀・天正期、西下総の戸張城（柏市）から移住した戸張氏が関宿簗田氏に属して活動し、また同領南の戸ケ崎（三郷市）には高田城から移った匝瑳氏が拠っていたが（『戸張文書』『武州文書』／『本土寺過去帳』『小田原衆所領役帳』等）、これより前、高田や戸張の地へ支配を及ぼした高城氏が、さらに吉川宿・戸ケ崎に接する古利根川流域の二郷半領への進出を企図したことは、十分に考えられることであろう。

次の文書は、戸ケ崎郷の南、金町郷（葛飾区）および下河辺庄内二郷半領南端の番匠免（三郷市）、さらには葛西方面への高城氏の進出を窺わせるものである。

①北条家虎朱印状　（『本田輝雄所蔵文書』）

去春忠節ニ付而、金町郷被下候之処、自小金兎角横合申候歟、是ハ可為一旦之儀候、此上者、無相違可致入部者也、仍如件、

壬戌（永禄五年／一五六二）
八月十二日（虎朱印）
本田殿

②古河公方家御料所書立案　（『喜連川文書』）

（表紙）
御料所方　認書　一庵・間宮使之時也」
（狩野宗円）（綱信）

〈中略〉

向古河近辺　町野備中守（義俊）

いゝつみ（飯積）　此郷去年迄従羽生致押領候、唯今長尾（顕長）成綺候間、諸郷並ニ此節可被相改候、

下河辺之内　簗田右馬助（助実）

番匠免　彼郷証文歴然之間、高城（胤辰）かたへ被相断、落着可然由、仰事ニ候、於此地者、前々御直々御恩賞之間、簗八（簗田八郎持助）被申所不可有之候由、仰事ニ候

〈中略〉

（天正二年／一五七四）甲戌　十二月二日　芳春院（季龍周興）

寿首座（松嶺昌寿）

垪和刑部丞（康忠）殿

右、関宿落居之砌、氏政（北条）陣中へ被仰出案也、

③北条家印判状　　（『早稲田大学図書館所蔵文書』）

葛西堤之事、郷々之多少、大途（北条氏）之如帳面、各申合、間数を定、早々可被築立之者也、仍如件、

（天正七年／一五七九）
己卯
二月九日（虎朱印、印文「禄寿応穏」）
山角紀伊守（定勝）奉之

遠山甲斐守殿（政景）
同千世菊殿
遠山同心衆中
高城下野守殿（胤辰）

①の文書は、北条氏が去春忠節を致した本田氏（正勝）に対して、恩賞として与えた金町郷への入部を命じたものである。これより前の三月二十二日、本田氏は北条氏康から葛西城（葛飾区青戸）の乗っ取りを命じられ、成し遂げた折には褒美として葛西金町・曲金（同高砂）・両小松川などの知行を与える旨を約束された。そして、四月二十四日の夜、本田氏は太田康資指南のも

とで葛西城を攻略したのである（『本田輝雄所蔵文書』『吉田文書』）。①文書はこの忠節に対するものであるが、本文書中に「自小金、兎角横合申候歟」とみえることから、本田氏が給った金町郷へは小金の高城氏が局外者にもかかわらず、すでに強いて立ち入り、在地支配に干渉していたことが窺えるのである。この高城氏の不当な妨害は、「一旦之儀」（一時、しばらくの間のこと）であるとして、北条氏は本田氏に入部を命じているが、高城氏の当方面への進出がこれによって止んだとは思えない。

②文書は、古河公方足利義氏の奉者・奉行人を務めた禅僧・芳春院季龍周興並びに松嶺昌寿の両人が連署をもって、天正二年（一五七四）十一月二日付で北条氏家臣の垪和《はが》刑部丞（康忠）へ提出した古河公方家御料所および知行人を書き立てた条書の抜粋である。これによれば、下河辺庄内番匠免《ばんしょうめん》の地が簗田右馬助の所領であり、そのことは彼郷（番匠免）についての証文に歴然であるから、高城氏に断ったうえで、その知行を落着するようにと古河公方義氏が仰せになっているとある。すなわち、この頃、高城氏（胤辰）が実力をもって番匠免を実行支配していたことがわかり、そこで証文を盾に高城氏に断わって、簗田右馬助の所領であることで落着をはかったのであろう。『本土寺過去帳』には、永正十四年（一五一七）四月二十八日、番匠免で傷などを被って死去したとみられる高城治部少輔がおり、また番匠免に近い彦名村（三郷市）に関して「妙信尼　ヒコナ　金　彌四郎家中　長享三己酉〈一四八九〉二月」（上七日）・「法秀尼　金　淡路阿姉　ヒコナ　延徳四壬子〈一四九二〉五月」（下廿七日）などの記事がみえ、早くから高城氏および小金居住の人々は番匠免・彦名方面と関わりがあったことが知れる。

また、③の文書は、北条氏が遠山甲斐守（政景）・同子息千世菊（直景か）・高城下野守（胤辰）らに対して、葛西の築堤を命じたもので、それぞれ工事の間数を定めて分担させたのである。このような命令が高城氏に下されたのは、同氏が二郷半領・河辺・金町・番匠免・彦名などの古利根川・中川・太日川流域の沖積低地帯への進出を志向して、実力で領地の獲得をはかったり、この方面で盛んに活動していたことがその背景にあったものと思われる。

以上のごとく、高城氏は下総台地西下の沖積低地への進出をはかり、実力を行使していたことが理解でき、また胤辰の二郷半領支配も近世文書に伝えられるが、実際には当地域が明確に小金領内に編入されたことはなかったのである。したがって、小金領の正確な西境は、下総台地の西端、太日川（市川）左岸が西域であったものと考えられ、その台地縁辺には小金城を中心に、北に深井城・花輪城（流山市）、南に馬橋城・松戸城（松戸市）などの支城が占地した。そして、これら諸城の西側、古利根川・中川筋の低地帯は、高城氏にとっていわば中立的な緩衝地帯か、無主地帯のように映っていたのかも知れない。しかし、北条氏は高城氏の当地域の領有を認めず、そのため同氏の占拠も長くは続かず、結局は進出・退去を繰り返すという関与の在り方に終始する結果となったと推察されるのである。

三　戦国末期高城氏の動静

胤則の家督相続

天正十年（一五八二）十二月、小金城主・高城胤辰が大病に罹ったため、十二歳の子息龍千世が家督を相続するべくこの旨を北条氏直に願い出た。これを受けた氏直は、その所望に任せて、同月十四日付で龍千世に対して「父下野守（胤辰）一跡之事」を承認した。これにより龍千世は高城氏の家督を相続し、前々の証文と相違なく「知行方・馬寄《うまよせ》〈寄子・寄騎〉等」を安堵されたのである（『高城一家文書』）。その二日後の一二月十六日、胤辰が小金城において四十五歳で没し、城北の金龍山広徳寺に葬られたという（法名・関相玄酬居士）。この胤辰の没年等に関しては、先に触れた通りである。そして、翌天正十一年（一五八三）、龍千世は元服して名を源次郎胤則と改め、小金領と家臣団を受け継いだのであった。

　さて、元服した胤則は、まず同年八月三日付で本土寺御番衆中に対して、「日厳御時ニ不相替、少も不可存無沙汰候、猶於御寺内、無狼藉横合様可申付候、於何事も毛頭不可有異儀候」という安堵の判物を発給している（『本土寺文書』）。これは、本土寺住持（平賀《へいがん》第十四世）日厳上人《て》が在住九年にして、天正五年（一五七七）四月十八日寅刻に六十七歳で閉眼し、その跡を継いで第十五世住持となっていた日悟上人に対して出されたものである（『本土寺過去帳』）。また、胤則は同日付で家臣・染谷二郎右衛門宛てに、官途状を出している（『染谷勝彦家文書』）。さらに、天正十二年（一五八四）二月、胤則は小金領内に徳政令を出したが、これに対して船橋郷の市場や湊の管理・運営に関わってきた船橋大神宮は、債務の破棄を認めることは重大な影響があったとみられ、この徳政を受け入れられず免除を願い出た。これを受けた胤則は、大神宮の訴えに困惑したが、神慮たるにより御造営・御祭礼以下を未熟なく勤めることを条件に、徳政の対象から除く旨を約した一札を同年二月十七日付で神主・富中務太輔へ与えている（『意富比神社〈船橋大神宮〉文書』）。

このように、胤則は代替わりに伴って安堵状および官途状を出し、また徳政令を発布したが、この弱冠十三歳の当主では家臣団や小金領内の統制が今一つとれなかったのではなかろうか。同年三月二十八日、北条氏は奉者遠山氏をして、小金領を支配する胤則に対して次のごとく禁制を与えている（『染谷勝彦家文書』北条家禁制）。

禁制

右、軍勢甲乙人等、於高城領分、仮初之狼籍（藉）成共致之候者、可遂披露、可被処厳科旨、被仰出者也、仍如件、

（天正十二年）
申

三月廿八日（虎朱印、印文「禄寿応穏」）

遠山 奉之

高城(胤則)源次郎殿

これは、高城氏領分＝小金領内において、軍勢甲乙人等が「仮初之狼藉《かりそめ》」（軽々しく狼藉行為をすること）など不法を致す者があれば、厳科に処するので報告するように胤則へ命じたものである。宛所は高城源次郎（胤則）であるが、禁制として発給されているので、これは高城家中や小金領内の民衆に告知するための意味合いが強かったことがわかり、同領内が若輩の当主のせいか混乱が収まらず、その統制のために出されたものと推察される。この北条氏の禁制が出されて以降、胤則は相次いで寺社等に対し、制札や黒印状・法度状を発給して領内の引き締めをはかったのである。

①高城胤則制札　（『東漸寺文書』）

制札

一、於東漸寺、対御所化衆、僧俗男女貴賤共、不可有好悪事、
一、於御寺中、不可致殺生事、
一、盗賊并火付於在之者、即遂糺明、可及其沙汰事、
一、悪名之人、不可有御許容事、
一、当夏中陣衆、停止可申事、

右条々、於違犯之族者、早速可及其断者也、仍如件、

天正十二年（一五八四）甲申

四月十五日　　胤則（花押）

②北条家印判状　（『高城忠雄家文書』）

簗田領へ其方借置兵粮、号徳政難渋候哉、為如何彼領分計徳政可被下候哉、為先借状可
請取儀、相違有間敷候、仮初ニも非分之沙汰不可有之旨、被仰出者也、仍如件、

天正十二年（一五八四）甲申（虎朱印、印文「禄寿応穏」）

十月十六日　　遠山右衛門大夫（直景）奉之

高城源次郎（胤則）殿

③高城胤則法度写　（『風早神社文書』）

法度

右於惣代、御神前大神楽執行中、喧嘩口論横合狼藉等堅令停止畢、若此旨於違犯之族者、

不撰老若男女貴賤、速可処厳科者也、仍如件、
天正十二年（一五八四）甲申
十一月廿五日　　胤則（花押）
神主殿

④高城胤則判物　（『国分寺文書』）
以書付申条々
一、国分寺之事者古跡之儀候、然ニ近年者御沙門之形儀無之、一式をも不構、庭之掃除以下も無之、誠在家同意無是非候事、
一、御堂造営以下、供分衆不被懇念、是亦大破之体候、惣而伽藍所者思後代、杉・檜植立其構仕候、然処自下地有之竹木、被伐取候由聞届、寔口惜存候事、
一、十二坊如前々可被立置候間、断可被申事、
付、此外ニ古来其役之田畠可有之候間、断可申事、
一、自玄酬（胤辰）当住仕付置被申候処、漸一宗之仕置堅固所化をも付、寺塔之修理在之由伝聞、於此方満足候処、当住建立候籠所なと、旧冬引破、此外不足之筋目共承届、絶言語候事、
一、所化衆被付置、又行事作法、其上掃除以下迄、厳密者、且本尊之御威光、且当庄御祈

念、為御寺中候、然ニ如此之儀、無心入者、不及分別事、
一、惣而十二坊御住、不経公儀而間向ニ而被相定間敷事、
一、此上毎事、当住之仕置違背之族、或掃除等見除之方、出家之形儀未断、或寺塔之造営於
無其稼者、速疾追放可申候、為其兼日申断候、各為於塩味申候事、

天正十三年（一五八五）乙酉
二月三日　　胤則（花押）
国分寺
御門徒中
参

⑤高城胤則判物　（同）

国分寺之事者、一旦任置候上者、毎事仕置、御堂之造営、掃除勤行、可被仰付候、然ニ対
貴寺於違背之族者、被遂糺明、不撰貴賤老若、追放可申候、并如前々、守護不入之儀不可
有相違候、殊更御祈念昼夜無怠慢有之而、当庄繁栄之御心懸専要候、為後日以一札申展候、
仍如件、

天正十三年（一五八五）乙酉

二月三日　　　胤則（花押）

国分寺

御同宿中

①文書は、胤則が小金城下の東漸寺《とうぜんじ》（松戸市小金）へ下した寺内での禁止事項条々を記した制札である。これは、四月十六日から三ヵ月間、所化衆《しょけ》（修行僧）が外出を避け、集団生活をして修行に励む夏季の安居《あんご》（江湖会《ごうこえ》）に際して、その前日の十五日に出されたものである。第一条では所化衆に対して「僧俗男女貴賤《きせん》共」と好悪（好意と憎悪・愛憎）があってはならないとし、また二条では寺中での殺生の禁止、第三・四条では盗賊・火付・悪名の人があれば、これを糾明し、取り締まること、最後の五条は当夏中の修行の期間は寺内（東漸寺内に陣所・陣屋があったか）に陣衆が留まることを停止したもので、これら条々に違犯の族《やから》があれば直ちに理非曲直の判断に及ぶべしとしている。

次いで、②文書は、下総栗橋城（茨城県猿島郡五霞町）主・北条氏照が簗田領内に徳政令を発布したため、高城氏が簗田領へ貸し付けた兵粮米が徳政と号して返済されない状況となり、そこでこの事態を小田原北条氏へ訴え出た結果、胤則宛てに出された裁許の虎朱印状である。奉者は江戸城代の遠山直景である。氏照の簗田領における強い支配権の行使により、高城氏は当主が若輩であったことも手伝ってか、交渉で打開できず難渋したとみられ、小田原を頼るほかに術がなかったのであろう。これによって、借状を証拠に貸し付けた兵粮米の分を請け取ること、仮初《かりそめ》にも非分の沙汰（道理に合わない無理難題の沙汰）があってはならない旨の裁定が下されたのである。

③文書は、胤則が風早神社（松戸市上本郷）の神主（中山氏か）へ与えた法度状である。その内容は、惣代（上本郷字惣台）において御神前での大神楽《だいかぐら》執行中につき、「喧嘩口論横合狼藉等」を堅く停止し、もし違犯の族があれば、老若男女貴賤を撰ばず、速やかに厳科に処する旨を記している。

④文書は、胤則が府中東郊の下総国分寺（市川市）の門徒中へ宛てた寺容の復興を命じた条書である。第一条では、国分寺は古跡にもかかわらず、近年は御沙門（修行者・僧・出家者）の形儀（行儀）もなく、寺院としての一式をも構えず、庭の掃除以下もこれなく、誠に在家同然であり、どうしょうもない状態であること。次いで二条では、御堂の造営以下について供分衆（供奉《ぐぶ》僧）も懇念をせられず、大破の体であるが、惣じて伽藍については後代を思いて杉・檜を植立てて用意の心構えをするところ、下地より竹木を伐り取られたと聞き、寔《まこと》に口惜しく存じ候こと。第三条は、十二坊は前々のごとく立ち置かれ、また古来の「其役之田畠」についても理非を判断して定められること。四条は玄酬（高城胤辰）より当代の住職が付置かれた時には、漸《ようよ》うに「一宗之仕置堅固」にして所化（修行僧）もおり、寺塔の修理も行なわれたと伝え聞き、当方も満足のところ、当代住職が建立した籠所（籠り堂）などが旧冬に引き破れ、この外「不足之筋目共」を承り、言語に絶すること。さらに第五条では、所化衆を付置き、行事作法・掃除以下まで厳密に行ない、本尊の御威光を維持し、且つ当庄御祈念は御寺中において為すこと、然るにこの儀心

入れなくば、分別に及ばぬこと。六条は、十二坊の居住について、公儀の許しなくして相定めてはならないこと。この十二坊とは、常楽坊・華蔵坊・宮本坊・松本坊・泉蔵坊・林宗坊・慶長坊・山本坊・谷林坊・龍宗坊・福生坊・仁宗坊のことで、また交替で年行事（総代役）を務めたとみられる新正院・徳蔵院・遊生院・一乗院の五箇院があったといい、この十二坊五箇院は、天正十九年（一五九一）頃にはなお存在していたと伝えられる。最後の第七条では、当住職の仕置に違背する族《やから》や、あるいは掃除等を怠り見逃し、出家の行儀等を蔑《ないがし》ろにする者、あるいは寺等の造営に励まない者らは、速やかに追放すべきこと。各条につき塩味《えんみ》（相談・吟味）のうえ、これらを実施するように指示している。

⑤の文書は、胤則が国分寺の御同宿中（供僧）へ宛てたもので、国分寺の事を一旦任せ置いたからには、毎事の仕置、御堂の造営、掃除・勤行《ごんぎょう》を仰せ付けるものであるが、もし貴寺に対して違背の族があれば、糺明を遂げたうえで貴賤老若を撰ばずに追放し、また前々のごとく守護不入の儀については相違ない旨を告げ、殊に御祈念のことは昼夜怠慢なきように行ない、当庄繁栄を心掛けるように命じている。

以上のように、弱冠十二歳で家督を相続した高城胤則は、当初、北条氏権力を背景に小金領の統治政策を推し進め、殊に右にみてきたごとく領内の有力寺社に対する統制をはかって、二年の間に自らの権力基盤を次第に強化していったものと考えられる。

高城氏の牛久御番

天正十五年（一五八七）五月、豊臣秀吉が九州を平定すると、次に関東・奥羽への進攻が予想され、北条氏は前年に発令された関東・奥羽惣無事令を受諾して屈伏するか、それとも対決するか、その選択を迫られることになったが、北条氏がとった対応策は、秀吉との折衝を推し進めつつも戦闘態勢を強化するという和戦両様の構えであった。北条氏は、豊臣勢の来攻に備えて、同年正月にはすでに小田原城大普請のために、武蔵国岩付衆・関根石見守や、同国河越本郷（埼玉県川越市）・相模国田嶋（神奈川県小田原市）の百姓中に対して、人足役を賦課し、鍬《くわ》・簣《あじか》・もっこ（畚）などを持って小田原へ参集するように命じており、また同年二月には、武蔵岩付城の北条氏房が、岩付衆道祖土《さいど》氏に対し、小田原への普請人足の供出を指示している（『内山文書』『大野マサ子所蔵文書』『相州文書所収足柄下郡幾右衛門所蔵文書』『道祖土文書』）。

そして、この五月には、他国衆の下総小金城主・高城胤辰へも小田原城普請人足の派遣および常陸国の牛久御番が命じられている。これを受けた胤則は、早速小金領内からの人足の徴用を命じた。次の文書は、小金領内の須和田神社（府中六所神社）へ出されたものである。

◇高城家印判状　（『須和田神社〈六所神社〉文書』）

今度、小田原御普請并牛久御番、同時ニ被仰付候間、御普請之儀、様々御侘言申上候処ニ、

仰出趣大切之儀候間、　早雲寺様をはしめ古来不入之所迄、無残所あひやとひ候、其方事も可為如此由被仰出候、然者当郷人足相憑候、中々痛間敷候へ共、当庄ニはいくわい（徘徊）の者ハ、無拠何をも頼候、遂分別無相違可走廻事簡要ニ候、尚口上ニ申付候、以上、

（天正十五年カ）
五月十五日（黒印、印文「胤吉」）

須和田
　寺社中

高城氏は、須和田村・府中六所神社に対して、今度北条氏から小田原城の普請並びに常陸の牛久御番を同時に命じられたことを告げ、仰出された趣は大切の儀であるとして、殊に普請については古来の早雲寺様（北条氏初代の伊勢宗瑞《そうずい》）以来、不入とされてきた所まで残らず人足を割り当て相雇う（徴用する）つもりなので、須和田村においても人足を引き受けるように求めたものである。いかにも痛ましきことであるが、当庄（小金領・風早庄か）に徘徊の者は拠《よ》ん所なく何れも徴用するので、それを承知のうえ相違なく走廻ることが肝要であるとしている。当文書の宛所の須和田寺社中とは、府中に在った下総国総社・六所神社と別当寺のことで、同寺社に関与していたのは府中の台地東下の須和田村であったのである。すなわち、普請人足はこの須和田村に課されたといえよう。現在、市川市国府台にある下総総社跡（六所の森・四角の森跡）の字地名は、旧須和田村の飛地であった須和田字府中である。明治期以降、同社は氏子らによって府中か

ら台地東下の須和田へ移されている。

ところで、ここでは右文書にみえる「牛久御番」について検討してみたい。常陸南部において、北条氏に属した牛久城・足高《あたか》城（茨城県牛久市／つくばみらい市）の岡見治広・宗治、江戸崎・龍ケ崎両城（稲敷市／龍ケ崎市）の土岐治綱・胤倫《たねとも》、土浦城（土浦市）の菅谷《すげのや》範政らは、反北条の佐竹氏・多賀谷氏と軍事的対決を続け、天正十五年（一五八七）三月には下妻城（下妻市）主・多賀谷重経の軍勢が宗治の足高城に迫り、向かい城（泊崎城／つくば市）を築いて攻防戦を繰り広げるに至った。そこで、北条氏は岡見氏の牛久城を常陸南部戦線の重要拠点として位置付け、同城の在番体制を強化したのである。高城胤則に対する牛久御番は、このような情勢のなかで命じられたのであった。この牛久城の在番衆には、高城氏のほかに、上総国大台・坂田両城（千葉県芝山町／横芝光町）の井田氏、下総布川・布佐両城（茨城県利根町／我孫子市）の豊島氏、同国矢作大崎城（香取市）の国分氏や大須賀氏・幡谷氏なども動員されている。

北条氏政は、八月十三日付で井田因幡守（胤徳か）に対して、「動有之間、高城も参陣候、番替者有間敷候、其方衆動之間者可有之候」と、北条氏の軍事行動が行なわれている間は高城氏も参陣するので、牛久在番の番替がない旨を伝え、井田衆はそのまま在番を続けるように命じている（『井田氏家蔵文書』／『神保文書』）。次いで、八月二十二日付で大須賀氏へ宛てた岡見治広書状には、「此刻、当国御出張、猶念願候」とあり、大須賀氏の牛久への出陣が要請されているので、同氏の牛久在番も推定されよう（『大須賀家文書』）。また、年未詳七月一日付の土岐氏宛ての国分左衛門太郎胤通書状（写）に、「此般牛久ニ在番申候処ニ」とみえ、国分氏が牛久在番を勤めていたことがわかる（『古文書〈記録御用所本〉』）。

天正十五年と推定される十二月十七日付の井田因幡守宛ての北条氏政定書（写）には、「一、牛久番、来晦日高城（胤則）雖可請取候、西表之儀ニ付而、正月五ケ日之内、各当番可為参陣間、来廿六日高城衆半分、豊嶋自身相移、番可請取由有下知事」とあり、牛久御番は来たる晦日に高城氏が番を請け取ることになっているが、西表（京都方面）の情勢変化に伴って番が変更され、正月五ケ日の内に各当番衆に小田原参陣を命じたので、来たる二十六日に高城衆半分と豊島氏（貞継）自身が、牛久へ移って番を請け取るように下知した旨を井田氏に告げている（『古文書〈浅草文庫本〉』）。北条氏は、井田衆三百人のうち、二十五人を在所（上総）に残し、二百人を小田原参陣に充てたが、この二百人のうち取り敢えず井田因幡守が七十人を召し連れて、正月十一日までに小田原に参上し、百三十人をいつでも出陣できる支度をして在所に留まらせるように命じており、したがって残りの七十五人が牛久当番であったことが推察されるのである（『井田氏家蔵文書』／『神保文書』）。

また、天正十五年十二月二十八日、北条氏政が井田因幡守へ宛てた書状にも、「一、当番ニ定牛久人衆可被立候歟、来正月七日、高城・豊嶋以両手内可替由、加下知候間、如着到可有参陣候」とみえ、来たる正月七日に井田氏と高城・豊島両氏の手勢が、牛久当番を交替するように命じられている（『古文書〈浅草文庫本〉』）。

このように、高城氏をはじめ井田・豊島・国分・大須賀ら諸氏は、北条氏の軍事力の一翼を担って常陸の最前線を支えるため交替で牛久御番を勤めたのであった。

臨戦体制下の小金領統治

豊臣政権が関東惣無事令を発令して以降、北条氏は分国内の防衛体制の構築をはかったが、天正十五年になると豊臣軍の来攻が近いとの風説が流れ、各領内の軍備増強や城普請が行なわれ、あるいは郷村に領民動員令が出されるなど、緊迫の度合いを増していった。そこで、この天正十五年以降、高城胤則の小金領内における臨戦体制下の情況について、残された古文書等から探ってみよう。

①高城胤則制札　（『東漸寺文書』）

制札

一、於東漸寺、行学法幢中、対御所化僧俗男女貴賤共、不可有好悪事、
一、於御寺中、自他宗之取沙汰、并不可致殺生事、
一、盗賊并火付於在之者、即遂糺明、可及其沙汰事、
一、悪名之人、不可有御許容事、
一、御寺中、門之外直道出入、堅可停止事、
右条々、於違犯之族者、早速可及其断者也、仍如件、

（一五八七）
天正十五年丁亥
十月十六日　　（高城）胤則（花押）

②高城胤則掟書写　　（『風早神社文書』）

掟

一、御社頭御造営付而、自来十九日、番匠衆被指置之由候雖勿論候、自朝六時、晩之七ツ時迄、厳密ニ細工可致之事、
一、造営中於間向仮初ニも喧嘩口論、堅可令停止事、
一、若於間向、番匠共無届之子細在之者、無用捨自神主殿可有披露事、
一、神慮之儀候間、各無手透細工相稼可申事、
一、番匠共無據用所候者、神主殿暇を乞可罷帰事、

以上

右条々如件、

（一五八八）
天正十六年戊子
正月十日　　（高城）胤則（花押）

惣代

神主殿

③高城胤則判物　（『須和田神社〈六所神社〉文書』）

此度棟別之儀者、在々為安全之候間、古来之不入も不入、東西如此被申付候、於向後者、
如前代之六所大明神支配、門前迄、如古来之可為不入候、為後日一札進之候、仍如件、

（天正十七年／一五八九）己丑
九月廿七日　（高城）胤則（花押）

神主殿
参

④高城胤則判物　（『意富比神社〈船橋大神宮〉文書』）

此度棟別之儀者、在々為案（安）全之候間、古来之不入も不入、東西如此被申付候、於向
後者如前代之、天照大神宮此外宮中も神主支配門前迄、如古来之可為不入候、為後日一
札進之候、仍如件、

（天正十七年／一五八九）己丑
九月廿七日　（高城）胤則（花押）

舟橋宮中
　神主殿

⑤高城胤則判物写　（同）

八王子免田四端（反）、五三年以来五日市場百姓横合故、御祭礼破候、従改年如前代不可有相違候、若於違乱輩者、可処罪科者也、為其一札遣置候、仍如件、

（一五八九）
天正拾七年己丑
　極月廿七日　（高城）胤則（花押）

船橋
　天照大神宮神主殿
　　参

⑥高城家印判状　（『須和田神社〈六所神社〉文書』）

此度小田原御籠城ニ付而、為御立願、来夏野駒壱疋可奉上者也、仍如件、

（天正十八年／一五九〇）
寅
　卯月十五日（黒印、印文「胤吉」）

須和田
神主殿

まず①文書は、十月十六日から三ヵ月間、所化衆が集団生活をし、外出せずに修行を行なう冬季の安居《あんご》（冬安居《とうあんご》・雪安居《せつあんご》）に際して出された寺中での禁止事項を記した制札であり、先にみた天正十二年四月の夏安居《げあんご》に入る際に出された制札とその内容はほぼ同じである。第一条は、東漸寺において行学の法幢《ほうどう》（仏法の目印の旗）を立てている間は、修行僧（所化衆）に対する人々の好悪を禁じたものであり、また二条は寺中において他宗よりの評議・横やり並びに殺生の禁止、第五条では寺中と御門外の出入を堅く停止している。高城胤則が東漸寺へこのような制札を発給した背景には、同寺が谷津を隔てて小金城の南東至近の台上に位置し、防衛上極めて重要な箇所にあったことによろう。すなわち、東漸寺は高城氏の一族が住持を務めたといい、また東漸寺台は小金城の出城の機能を有していたとも伝えられている。

②文書は、胤則が小金領上本郷惣代（惣台）の風早神社造営につき、番匠衆や営作中の掟を定めたものである。これによれば、来たる正月十九日より番匠衆を指し置き、朝六ツ時から晩の七ツ時まで厳密に細工を致すこと、また造営中は喧嘩口論を堅く停止すること、番匠共に「無届之子細」（不法のこと・事件）があれば、用捨なく神主殿より報告あるべきこと、神慮のことなので手透きなく細工に励むこと、番匠共が拠《よ》ん所なく「用所」（用事・所用）のときには、神主殿に暇を乞うてから帰るべきこと、以上五ケ条にわたって規定している。風早神社は旧風早庄（風

早郷）の惣社であり、小金領の中核的な郷村であったので、胤則は社殿造営を督励して世上の不安を払拭し、人心の引き締めをはかったものとみられよう。

次に③④の文書は、豊臣秀吉の小田原攻撃に備えて戦費を調達するため、胤則は小金領内に棟別銭を賦課し、古来より不入であった府中六所神社や船橋大神宮の寺社領にもこれを課して発給した文書である。その内容は、今度の棟別銭の賦課は領内の在々郷村の安全のためであるから、古来よりの不入も入れず（認めず）、東西諸地域へ申し付けたものであり、あくまでも非常時の特別の徴収であるとし、向後においてはまた古来のごとく門前・宮中まで不入権を認めることを約束している。胤則は小金領内全体に、強硬な棟別銭徴収を行ない、軍備増強をはかったことが窺われる。天正末期、小金城主高城氏の軍事力は、七百騎とされている。井田氏の着到を参考にすれば一騎の兵員は三人から五、六人であり、したがって高城氏の将兵は、馬上侍以下、弓・鉄砲侍・鑓《やり》歩《かち》侍・旗持・徒歩《かち》らを含めて、少なくも三〇〇〇〜三五〇〇人と推算できる。高城氏はこれらを支える軍費・兵粮が必要であったのである（『毛利家文書』北条家人数覚書・関東八州諸城覚書／『井田氏家蔵文書』『神保文書』）。

⑤文書は、船橋大神宮の祭礼費用を賄うために設定されていた「八王寺免田四端〈反〉」が、ここ数年来、五日市場村の百姓らに横合（不当に妨害）され、御祭礼が破綻するという事態に対して、胤則がこの横合の停止を命じた文書である。胤則は、年が改まってよりは前代のごとく相違なきように致し、もし違乱の輩があれば罪科に処する旨の一札を大神宮神主へ遣わしたのである。

また、最後の⑥文書は、天正十八年（一五九〇）四月、豊臣秀吉の軍勢が石垣山に築城して小田原城攻囲の陣形を整え、高城胤則も手勢五百騎を率いて同城に籠城していたが、これと時を同じくして、四月十五日付で小金領内須和田村の府中六所神社神主へ出された高城氏黒印状である。今度小田原籠城について立願し、来たる夏に野駒一疋を奉納する旨を約している。この少し前の四月七日には、豊臣軍に応じた安房里見義康の軍勢が、船橋郷へ侵攻して船橋大神宮へ禁制を下しており（『意富比神社〈船橋大神宮〉文書』）、小金領内は戦時色を強めていたとみれるが、翌五月には浅野長吉・木村常陸介の豊臣軍が西下総へ来攻し、高城氏の留守部隊二百騎が立て籠もる小金城を攻囲した。そして、胤則の立願も叶わず、小金城は一戦にも及ばず明け渡され、七月には北条氏の小田原城も陥落したのである。高城胤則の小金領統治は、ここに終極を遂げたのであった。

【高城氏関係年表】

注①事項内の数字は月を示す。
②閏月は丸に数字を入れて表示した。

西暦	年号	事項
一四三二～四	永享四～六	5高木刑部左衛門（道清入道）没する。
一四三七	九	6高城四郎右衛門清高、栗ケ沢にて没する。
一四三八	一〇	8永享の乱起こる。
一四三九	一一	2鎌倉公方足利持氏滅亡。
一四四〇	一二	3結城合戦起こる。
一四四一	嘉吉一	2改元。4結城城陥落。足利安王丸・春王丸滅亡。
一四四九	宝徳一	7改元。8足利万寿王丸、元服して「成氏」と名を改め、従五位下・左馬頭に叙任され、ここに鎌倉公方足利成氏と関東管領上杉憲忠による鎌倉府体制復活する。
一四五四	享徳三	12享徳の乱起こる。
一四五六	康正二	1西下総市河合戦。
一四六五	寛正六	4上総山倉城の高城雅楽助、中野城へ出陣し、その帰途の路次にて没する。
一四七一	文明三	6古河城陥落。古河公方足利成氏、下総の千葉輔胤・孝胤父子を頼る。
一四七六	八	3高城孫八（蓮上坊弟）、馬橋で死去する。4高城彦四郎、我孫子にて没する。
一四七八	一〇	12下総境根原合戦。
一四七九	一一	7臼井城合戦。

一四八三	文明一五	3高城安芸入道、馬橋にて死去する。
一四八四	一六	5太田道灌、馬橋城を築く。
一四八六	一八	7道灌滅亡し、馬橋城没落する。
一四九〇	延徳　二	7高城新右衛門・同子息彦九郎、栗ケ沢で没する。
一四九一	三	3羽黒修理亮（布施殿）、馬橋万満寺にて誅される。
一四九二	明応　一	6花井六郎左衛門の子息・高城彦六、死去する。7改元。
一四九五	四	4高城安芸道友入道、馬橋で死去する。
一四九七	六	2我孫子の高城周防守（雪叟入道）没。
一五一四	永正一一	7我孫子の高城周防守（法号実山宗真）没する。
一五一五	一二	2小金城主高城和泉守死去する（法号祖翁性高位）。
一五一七	一四	4高城治部少輔、番匠面（免）にて討たれる。10上総の真里谷武田氏に攻められ、三上佐々木氏の三上城（真名城）並びに原氏の小弓城、相次いで陥落し、「原二郎并家郎高城越前守父子」が滅亡し、高城下野守（胤忠）逐電する。⑩高城氏の家臣畔蒜右京亮・戸部三郎衛門、馬橋で討死する。—高城下野守胤忠、西下総へ移り、故高城和泉守の跡を受けて小金城主となる。
一五一九	一六	8古河公方足利高基の軍勢、真里谷武田氏の上総椎津城を攻撃する。
一五二一	大永　一	3高城氏の家臣畔蒜彦五郎・田嶋図書助・鈴木太郎右衛門ら、名都狩で討死する。この頃、小弓公方足利義明成立。8改元。
一五三一	享禄　四	9高城彦三郎、小屋嶋にて死去する。
一五三八	天文　七	10下総国府台合戦。小弓公方足利義明敗死。小金の高城胤忠、合戦に参加して軍功をあげる。
一五四六	一五	4小金城主高城胤忠、死去する（法号玄楊）。
一五六〇	永禄　三	9越後長尾景虎（上杉政虎・輝虎／謙信）関東へ進出し、上野国厩橋城で越年

一五六一	永禄　四	する。高城氏（胤吉）、下総衆として景虎の幕下に服属する。6上杉政虎が越後へ帰国すると、高城氏、再び北条氏に帰属する。7古河城の足利義氏、高城胤吉の小金城へ移座する。
一五六四	七	1下総国府台合戦始まる。北条氏、中山法華経寺を陣所と定め、不入を認める安堵状を同寺へ与える。同日、これを受けて高城胤辰も同寺へ不入を認める証文を発給する。胤辰の軍勢、矢切方面へ出陣する。2国府台落城。同月、高城胤辰、家臣の吉野見徒けに対して、前代よりの田地・屋敷を安堵する。
一五六五	八	2高城胤吉、小金で死去する（法号玄心）。3胤吉の妻（月菴桂林尼／千葉昌胤の妹とも）没する。その子胤辰、母の冥福を祈って熊耳山桂林寺を建立する。
一五六六	九	2上杉輝虎の関越諸軍、小金領内へ進攻して小金城近くに陣を取り、平賀本土寺へ制札を出す。高城胤辰、小金籠城。3上杉軍、船橋郷を経て、臼井城を攻囲する。原胤貞、北条氏の援軍を得て堅固に防戦し、これを退ける。11高城胤辰、鶴岡三郎左衛門尉へ国府台合戦の恩賞として、矢切村内の所領を与える。
一五七一	元亀　二	11高城胤辰、船橋大神宮に対して、宮中の掟を作成し、これを当方へも指し出すように命じる。
一五七三	天正　一	7改元。9高城胤辰、船橋大神宮に対する地頭・代官・百姓以下の横合非分を禁じる。
一五七四	二	5下総小金の谷口摂津守、二親供養のため高野山へ釣灯籠を寄進する。
一五七六	四	2高城胤辰、真間山弘法寺並びに市河宿に対し、大法事（涅槃会か）執行の間の狼藉以下を堅く停止する。
一五七七	五	1胤辰、古河公方足利義氏への年頭祝儀に、代官相馬因幡守を派遣して白鳥を進上する。
一五七八	六	2胤辰、古河公方足利義氏への年頭祝儀として御太刀・白鳥を進上し、返礼の

一五七九	天正　七	御剣を賜わる。9胤辰、船橋大神宮神主富氏および船橋両村（五日市場村・九日市場村）百姓中に対し、船橋郷にて新たな町立を命じるとともに、同町の掟条々を書き上げた禁制を出す。8高城氏、船橋両宿（五日市場・九日市場両村）の百姓中へ、去年に立てられた神明の御町の執行につき、神主と談合を致し、手落ちなく走廻るように命じる。9高城氏、八木郷内の吉野・洞毛・河辺氏ら五人に対し、郷中の年貢諸色等を収納する政所の役を順番に務めるように指示する。
一五八〇	八	2高城胤辰、古河公方足利義氏へ年頭祝儀に御太刀・白鳥を進上。
一五八一	九	1胤辰、金子兵部少輔へ、官途状を与える。9胤辰、弘法寺に対して、市河宿の市場における喧嘩口論・盗賊悪党・博智（博打）国質郷質など禁止事項を記した制札を与える。
一五八二	一〇	1高城胤辰、代官相馬氏をもって足利義氏へ年頭祝儀に御太刀・白鳥を献上する。12胤辰、小金城にて病没する（享年四五／法号玄酬）。嫡子龍千世、跡を継ぐ。
一五八三	一一	高城龍千世、元服して名を源次郎胤則と改め、小金領と家臣団を継承する。8高城胤則、家臣染谷二郎右衛門尉に対して官途状を授ける。8胤則、本土寺へ寺内における狼藉・横合を禁じた一札を与える。
一五八四	一二	2高城胤則、小金領内に徳政令を発布する。船橋大神宮に対して、神慮たるにより御造営・御祭礼以下を未熟なく勤めることを条件に、徳政の対象から除く旨の一札を与える。3北条氏、高城胤則へ、小金領内の軍勢甲乙人等の狼藉を停止した禁制を発給する。4胤則、小金城下の東漸寺へ、夏安居に際して寺内の禁止事項を記した制札を出す。10北条氏、胤則に対して、高城氏が北条氏照の簗田領へ貸し付けた兵粮米の回収について、同領の徳政令を退け、借状を証

一五八五	天正一三	拠に貸し付けた兵粮米の分を受け取るように裁定を下す。11胤則、小金領内の風早神社へ、大神楽執行中の喧嘩口論・横合狼藉などを禁じた法度状を出す。2高城胤則、下総国分寺の門徒中および供僧に対し、衰退した同寺を高城胤辰の代のごとく寺容を復興し、並びに昼夜怠慢なきように御祈念・勤行を命じる。
一五八七	一五	3高城氏家臣・畔蒜右京亮没。5高城氏、北条氏から常陸の牛久在番並びに小田原城普請を命じられ、須和田村・府中六所神社に対して人足の供出を命じる。7高城胤則、相模国東郡小薗村の所領支配を、金子兵部丞・同与次郎に任せる。10胤則、東漸寺に対し、冬安居に際して寺中での禁止事項を記した制札を与える。11北条氏、相模小曽禰（小薗村）の小代官・金子兵部丞に大和竹六束の納入を命じ、相模川の津端・須賀まで運び届け、伊東・井上両氏に渡すように指示する。
一五八八	一六	1高城胤則、小金領上本郷惣代（惣台）の風早神社の造営につき、番匠衆や営作中の掟を定める。
一五八九	一七	5高城胤則、家臣吉野縫殿助に対し、前々よりの田地・山・屋敷等を安堵する。9胤則、豊臣秀吉の小田原城攻撃に備えて戦費を調達するため、本来不入であるところの府中六所神社・船橋大神宮へ、非常時の棟別銭を課す。12胤則、船橋大神宮の祭礼費用を賄うために設定されていた「八王寺免田四反」への五日市場村百姓らの横合を停止する。
一五九〇	一八	1高城氏の家臣畔蒜右京亮の舎兄法円、鷲谷で死去する。2高城氏家臣・日暮又左衛門尉、胤則の意を奉じて、八木郷百姓中に対して、同郷芝崎の吉野縫殿助の屋敷内の溝へ通じる外溝の整備を命じる。4高城胤則が小田原籠城中につき、高城氏黒印状をもって須和田村府中六所神社へ戦勝の立願をなし、来たる

		夏に野駒一疋の奉納を約束する。5高城氏の留守部隊が立て籠もる小金城、浅野長吉・木村常陸介の軍勢に攻囲され、一戦にも及ばず明け渡される。7小田原城陥落。原氏一族の臼井・小弓・弥富・小西および本佐倉・森山の諸城、接収される。高城胤則、奥州会津の蒲生氏郷にお預けの身となる。8日暮又左衛門、没する。8徳川家康、関東へ入部し、知行割を実施する。
一五九一	天正一九	1高城胤則、小金城陥落の後に手賀沼畔の鷲谷村へ退いていた旧臣の平川若狭守・染谷二郎右衛門からの窮状を訴える書状を受け取り、両人宛てに慰めの返書を出す。
一六〇三	慶長　八	8高城胤則、京都伏見で死去する（享年三三）。
一六一三	一八	―故高城胤則の子息辰千代、一三歳で元服し、高城政次（胤次・胤重）と名乗る
一六一六	元和　二	―政次、幕臣旗本に取り立てられ、名を胤次と改める。
一六三三	寛永一〇	―この頃より、胤次改め、高城清右衛門尉胤重と名乗ったという。

【主な参考文献】

（発行年順）


『松戸市史』上巻（中世）　松戸市史編纂委員会　一九六一年。

太田　亮　『姓氏家系大辞典』第二巻　角川書店　一九六三年。

『大谷口―松戸市大谷口小金城跡発掘調査報告―』（同市文化財調査報告第二集）　同教育委員会　一九七〇年。

松下邦夫　『小金城主高城氏の研究』　自家版　一九七一年。

中尾　堯　『日蓮宗の成立と展開―中山法華経寺を中心として―』　吉川弘文館　一九七三年。

『松戸の遺跡―松戸市埋蔵文化財包蔵地所在調査報告―』（同市文化財調査報告第三集）　同教育委員会　一九七六年。

大石直正・入間田宣夫・遠藤巌・伊東喜良・小林清治・藤木久志『中世奥羽の世界』　東京大学出版会　一九七八年。

『角川日本地名大辞典４宮城県』　角川書店　一九七九年。

『中山法華経寺誌』　同誌編纂委員会／同朋舎出版　一九八一年。

森田洋平・染谷達輝・長沼友兄・今林松子「高城氏の研究Ⅰ―その家臣団及び近郷の豪族たち―」（『我孫子市史研究』第五号）一九八一年。

同　「高城氏の研究Ⅱ―その家臣団及び近郷の豪族たち―小金大谷口城考」（『我孫子市史研究』第六号）一九八二年。

同　　「高城氏の研究Ⅲ―その家臣団及び近郷の豪族たち―匝瑳氏の動向」（『我孫子市史研究』第七号）一九八三年。
同　　編『本土寺過去帳年表』　我孫子市史編集委員会／同市教育委員会　一九八五年。
同　　「後北条氏の在地領主対策と第二次国府台合戦後の我孫子」（『我孫子市史研究』第一〇号）一九八六年。
川名　登　「高城氏関係文書について」〈手賀沼の開発と小金牧―沼南地域史料調査報告―〉沼南町史編纂室　一九八五年
同　　「戦国期高城氏の文書について」（『日本地域史研究』所収）文献出版　一九八六年。
平野明夫　「高城氏の研究―その前提として―」（『房総の郷土史』第一四号）一九八六年。
遠山成一・外山信司「岩富原氏の研究」（『房総史学』第二六号）一九八六年。
『茨城県史』中世編　茨城県史編纂委員会　一九八六年。
森田洋平編『本土寺過去帳地名総覧〈上・下〉』　我孫子市史編集委員会／第一法規出版　一九八七年。
『松戸市内遺跡群発掘調査概報〈昭和六二年度〉』（同市文化財調査報告第一四集）　同市教育委員会　一九八八年。
外山信司　「戦国期の佐倉の人々」（『千葉県の歴史』第三六号）　一九八八年。
同　　「下総白井氏について―岩富原氏以前の鹿島川中流域―」（『佐倉市史研究』第八号）一九八八年。

高村　隆「戦国期における下総国高城氏の所領支配について」（『史叢』第四四号）一九九〇年。

『松戸市内遺跡発掘調査概報〈平成二年度〉』（同市文化財調査報告第一七集）　同教育委員会
　一九九一年。

『取手市史』通史編Ⅰ　取手市史編纂委員会　一九九一年。

『松島町史』通史編Ⅰ　松島町史編纂委員会　一九九一年。

平野明夫「高城氏と後北条氏の関係について」（高科書店『中世房総の権力と社会』所収）

一九九一年。

中山文人「永禄期の小金城について」（『千葉城郭研究』第二号）　一九九二年。

『妙見信仰調査報告〈二〉』　千葉市郷土博物館　一九九三年。

平野明夫「高城氏の支配領域」（『野田市史研究』第四号）　一九九三年。

高橋健一「原胤栄の仏教観」（『千葉史学』第二四号）　一九九四年。

『千葉県所在中近世城館跡詳細分布調査報告書Ⅰ―旧下総国地域―』　千葉県教育委員会
　一九九五年。

千野原靖方『千葉氏　鎌倉・南北朝編』　崙書房出版　一九九五年。

黒田基樹「北条氏の佐倉領支配―御隠居様氏政の動向を中心として―」（岩田書院『戦国大名
　北条氏の領国支配』所収）　一九九五年。

『千葉県の地名』（日本歴史地名大系第一二巻）　平凡社　一九九六年。

千野原靖方『千葉氏　室町・戦国編』　たけしま出版　一九九七年。

須田　茂　『房総諸藩録』　崙書房出版　一九九八年。
中山文人　「高城氏と戦国時代・１９９８」（『沼南町史研究』第五号）　一九九八年。
『小田原市史』通史編（原始古代中世）　小田原市史編纂委員会　一九九八年。
中脇　聖　「戦国期小金城主高城氏の印判について」（『流山市史研究』第一六号）二〇〇〇年。
同　　　　「戦国期下総高城氏の家臣構成と展開」（『中世房総』第一二号）二〇〇一年。
黒田基樹　「戦国期下総国の政治構造に関する一考察―臼井原氏の基礎的検討―」（岩田書院
　　　　　『戦国期東国の大名と国衆』所収）　二〇〇一年。
千野原靖方　『東葛の中世城郭―千葉県北西部の城・館・砦跡―』　崙書房出版　二〇〇四年。
同　　　　『関東戦国史〈全〉』　崙書房出版　二〇〇六年。
同　　　　『常総内海の中世―地域権力と水運の展開』　崙書房出版　二〇〇七年。
『千葉県の歴史』通史編中世　千葉県史料研究財団／千葉県　二〇〇七年。
千野原靖方　『戦国房総人名辞典』　崙書房出版　二〇〇九年。
同　　　　『小弓公方足利義明―関東足利氏の正嫡争いと房総諸士―』崙書房出版　二〇一〇年。
同　　　　『手賀沼をめぐる中世〈1〉―城と水運―』　たけしま出版　二〇一三年。
同　　　　『手賀沼をめぐる中世〈2〉―相馬氏の歴史―』　たけしま出版　二〇一四年。
同　　　　『出典明記　中世房総史年表』　岩田書院　二〇一七年。

千野原靖方（せんのはら・やすかた）

栃木県那須郡東那須野村（現那須塩原市）に生まれる。本籍地・千葉県市川市。明治大学卒。歴史家（専門は中世東国史）。主な著書に、『千葉氏鎌倉・南北朝編』『千葉氏室町・戦国編』（崙書房出版／たけしま出版）、『戦国期江戸湾海上軍事と行徳塩業』（岩田書院）、『東葛の中世城郭―千葉県北西部の城・館・砦跡―』『関東戦国史〈全〉』『常総内海の中世―地域権力と水運の展開―』『戦国房総人名辞典』『小弓公方足利義明―関東足利氏の正嫡争いと房総諸士―』『将門と忠常―坂東兵乱の展開―』（崙書房）、『手賀沼をめぐる中世①―城と水運―』『手賀沼をめぐる中世②―相馬氏の歴史―』（たけしま出版）『出典明記　中世房総史年表』（岩田書院）などがある。

下総原氏・
高城氏の歴史〈下〉　手賀沼ブックレット　No.12

2021年（令和3）10月20日　第1刷発行

著　者　千野原靖方
発行人　竹島いわお
発行所　たけしま出版

〒277-0005　千葉県柏市柏762
柏グリーンハイツ C204
TEL／FAX　04-7167-1381
振替　00110-1-402266
印刷・製本　戸辺印刷所